MedAT Figuren zusammensetzen

220 Übungsaufgaben in elf authentischen Übungstests inkl. Lösungen zur Vorbereitung auf die Aufnahmeprüfung für Medizin

Felix Segger

Impressum

MedAT Figuren zusammensetzen, Version 1,1 03/2014

Kontakt: felix.segger@aufnahmepruefung.at

Coverfoto: Podesser

Vorwort

Liebe Bewerberinnen und Bewerber für das Medizinstudium,

„Figuren Zusammensetzen“ ist ein mit dem MedAT im Jahr 2013 neu eingeführter Untertest in der Aufnahmeprüfung für das Medizinstudium an den staatlichen Universitäten in Österreich. Er soll das räumliche Vorstellungsvermögen testen und ist gewissermaßen eine Weiterentwicklung der „Schlauchfiguren“, die in den Jahren zuvor noch im EMS eingesetzt wurden.

Beiden Tests ist gemeinsam, dass man ohne Vorbereitung zunächst Schwierigkeiten mit dem Bearbeiten der einzelnen Aufgaben hat. Da die Aufgabenstellung aber durch die Universitäten klar definiert ist, ist es durch das Üben von möglichst ähnlichen Aufgaben durchaus möglich seine Leistung, auch innerhalb kurzer Zeit, erheblich zu steigern.

Da der Untertest „Figuren Zusammensetzen“ erst seit 2013 Teil der Aufnahmeprüfung ist, gibt es wenig passendes und qualitativ hochwertiges Übungsmaterial. Hier setzt dieses Buch an. Es bietet Ihnen neun vollständige Übungssets mit jeweils 20 Aufgaben und zwei weitere Übungssets mit etwas anderen Zielfiguren, um das Üben aufzulockern. Zusätzlich finden Sie im Anhang zu allen Aufgaben die zusammengesetzten Lösungsfiguren.

Ich wünsche Ihnen mit diesem Übungsbuch viel Spaß, für Ihre Vorbereitung viel Motivation und großes Durchhaltevermögen - und für den Testtag selbst viel Erfolg!

Felix Segger

Inhaltsverzeichnis

Instruktionen zur Bearbeitung

Ein Testset besteht im MedAT 2014 voraussichtlich aus 20 Aufgaben. Sie zeigen jeweils einfache geometrische Figuren, welche, analog zum MedAT 2013, in drei bis sieben Einzelteile zerschnitten sind. Sie sollen herausfinden, ob sich eine der Figuren aus diesen Einzelteilen zusammensetzen lässt. Für die Bearbeitung eines Testsets stehen Ihnen 20 Minuten zur Verfügung. Die Zeit ist sehr knapp bemessen. Sie müssen also nicht nur möglichst korrekt sondern auch sehr zügig arbeiten. Vor allem zu Beginn ist es aber normal, dass Ihnen die Zeit häufig nicht ausreichen wird um alle Aufgaben vollständig zu bearbeiten – lassen Sie sich davon nicht demotivieren!

Eine mögliche (aber etwas zu einfache) Aufgabe wäre zum Beispiel folgende:

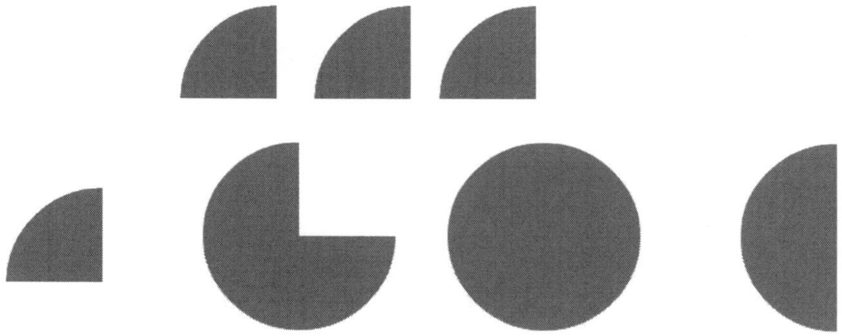

Keine der Figuren ist richtig.

A B C D E

Lösung: Die oben gezeigten drei Teile lassen sich zu Figur B zusammensetzen. Auf dem Antwortbogen müssten Sie daher Antwort B markieren.

Dabei muss die zusammengesetzte Figur genau der Form, aber nicht unbedingt genau der Größe entsprechen. Allerdings sind die Größenverhältnisse der Einzelteile zueinander genau zu berücksichtigen. Das bedeutet, dass Einzelteile nicht vergrößert oder verkleinert werden dürfen - nur die bereits vollständig zusammengesetzte Figur kann größer oder kleiner als die entsprechende Zielfigur sein.
Beachten Sie bitte ebenso, dass Sie zum Zusammensetzen alle Einzelteile genau einmal verwenden.

Die Schwierigkeit der Aufgaben variiert. Bei einigen Aufgaben kann es auch vorkommen, dass keine der Antwortmöglichkeiten (A-D) richtig ist. In diesem Fall müssen Sie E („Keine der Figuren ist richtig") auswählen. Im Kontrast zu den Instruktionen im EMS sind die Aufgaben im MedAT nicht nach Schwierigkeit sortiert, sodass durchaus bereits schwierige Aufgaben zu Beginn oder einfache Aufgaben am Ende des jeweiligen Untertests stehen können. *Halten Sie sich also nicht starr an die vorgegebene Reihenfolge. Sie dürfen während der Bearbeitung eines Untertests soviel innerhalb dieses Untertests blättern, wie sie möchten.*

Das Spiegeln der Einzelteile war beim MedAT 2013 weder explizit erlaubt noch verboten. Zum richtigen Bearbeiten der Aufgaben war „spiegeln" aber bei keiner Aufgabe notwendig - auch nicht um zwischen einer richtigen und einer falschen Antwort zu differenzieren.

Figuren Zusammensetzen - Details

„Figuren zusammensetzen“ war im MedAT 2013 der erste Untertest am Vormittag, gefolgt von der Merkphase für den Untertest „Gedächtnis & Merkfähigkeit“.
Da im MedAT 2013 und im VMC (*virtueller medizinscher Campus* der Uni Graz) lediglich zwei verschiedene Zielfigurengruppen vorgegeben wurden, wurde auch der Schwerpunkt dieses Übungsbuches auf diese Zielfiguren gelegt.

Gruppe 1 – Viertelkreis, Halbkreis, Dreiviertelkreis, voller Kreis

Keine der Figuren ist richtig.

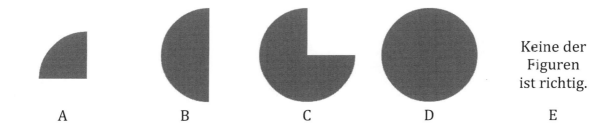

A B C D E

Gruppe 2 - Gleichseitiges Fünfeck, Sechseck, Siebeneck, Achteck

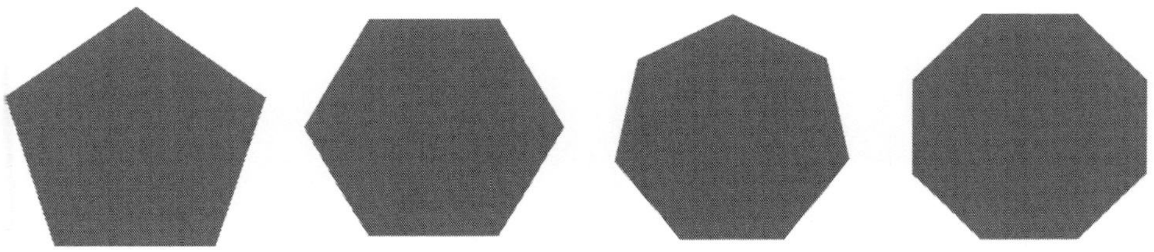

Keine der Figuren ist richtig.

A B C D E

Theoretisch sind aber auch andere, neue Aufgabentypen möglich, sodass die letzten 40 Aufgaben in diesem Buch mit anderen Zielfiguren entworfen worden sind. Diese können Sie als zusätzliche Übung Ihrer kognitiven Flexibilität nutzen.

Bitte bedenken Sie, dass das Benutzen von Stiften im Testheft während der Bearbeitung erlaubt ist. Nutzen Sie also am besten einen feinen, aber gut radierbaren Bleistift zum Einzeichnen von Hilfslinien oder „Zwischenfiguren“. Lineale, Geodreiecke oder Zirkel sind allerdings während des gesamten Tests nicht erlaubt.

Sollten Sie trotz mehrfach durchgeführter Kontrollen einen Fehler finden oder Anmerkungen zu den Aufgaben haben, so können Sie mich unter felix.segger@aufnahmepruefung.at erreichen.

- *Zur Orientierung: Figuren Zusammensetzen trägt 10% zum Gesamtergebnis bei*
- *Die Zeit ist sehr knapp – beginnen Sie mit den subjektiv einfachsten Aufgaben (meistens wenige Einzelteile)*

Figuren Zusammensetzen Testset 1

1. Welche Figur lässt sich aus den folgenden Einzelteilen zusammensetzen?

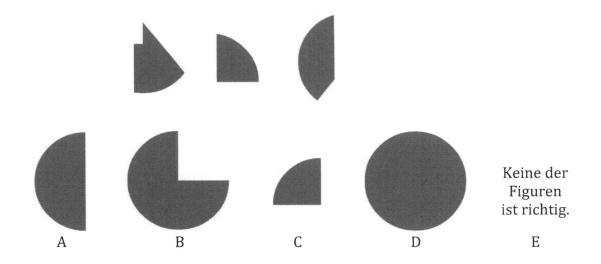

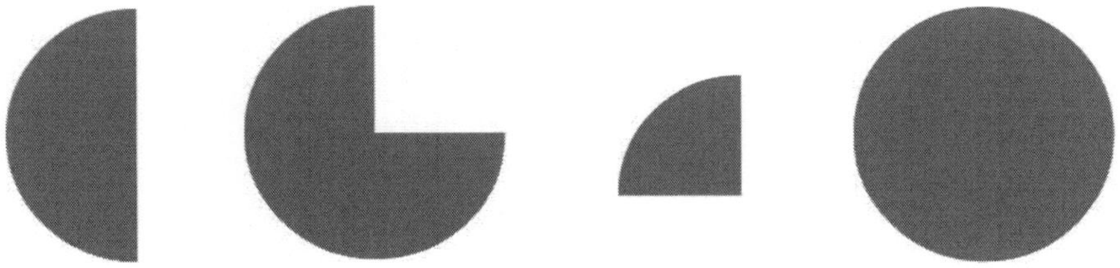

Keine der Figuren ist richtig.

A B C D E

2. Welche Figur lässt sich aus den folgenden Einzelteilen zusammensetzen?

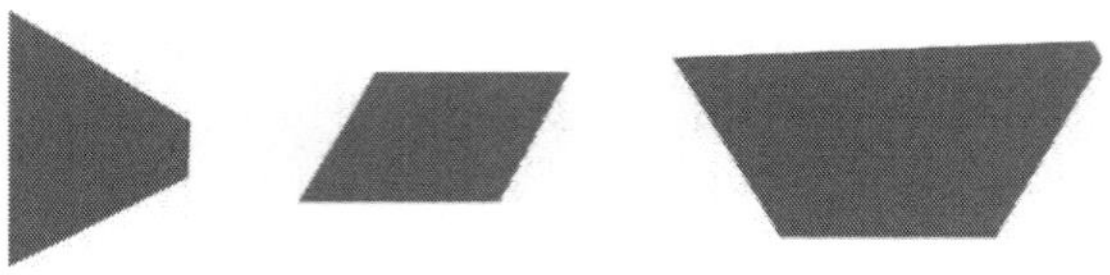

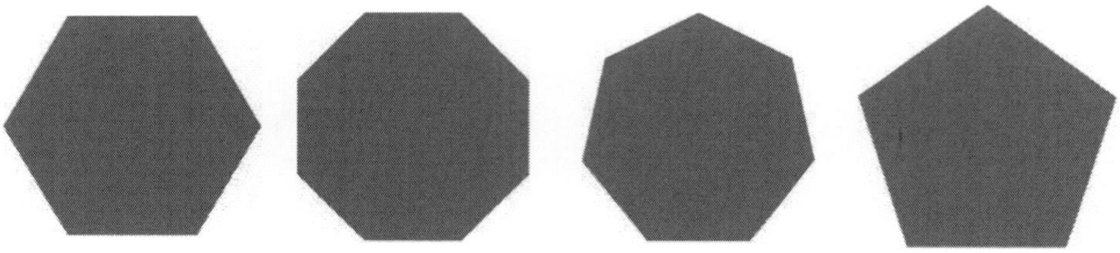

Keine der Figuren ist richtig.

A B C D E

3. Welche Figur lässt sich aus den folgenden Einzelteilen zusammensetzen?

A B C D

Keine der Figuren ist richtig.

E

4. Welche Figur lässt sich aus den folgenden Einzelteilen zusammensetzen?

A B C D

Keine der Figuren ist richtig.

E

5. Welche Figur lässt sich aus den folgenden Einzelteilen zusammensetzen?

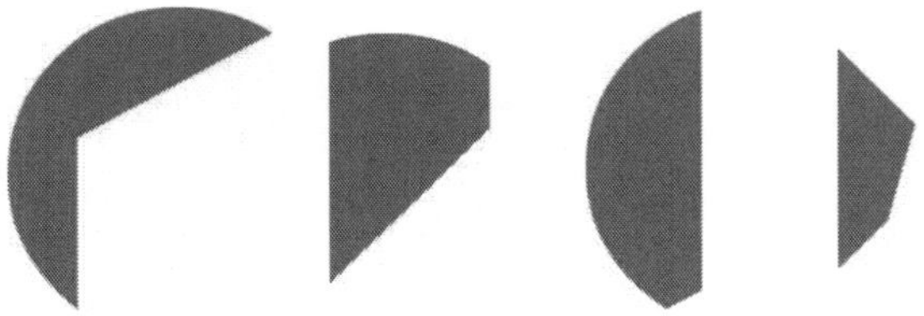

Keine der Figuren ist richtig.

A B C D E

6. Welche Figur lässt sich aus den folgenden Einzelteilen zusammensetzen?

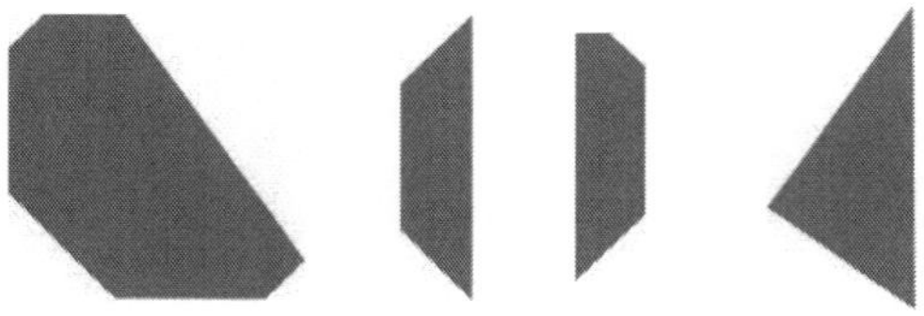

Keine der Figuren ist richtig.

A B C D E

7. Welche Figur lässt sich aus den folgenden Einzelteilen zusammensetzen?

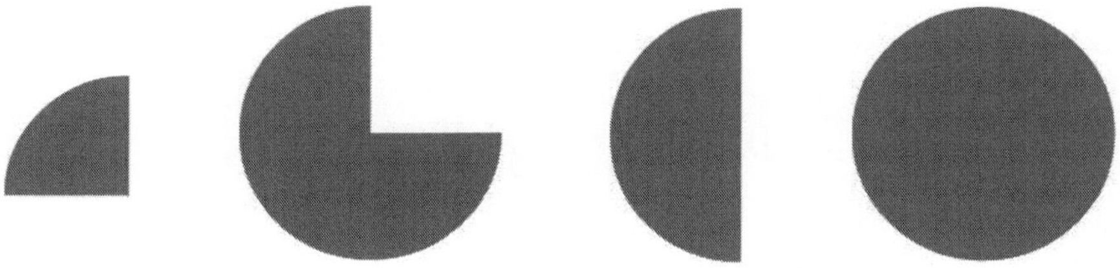

Keine der Figuren ist richtig.

A B C D E

8. Welche Figur lässt sich aus den folgenden Einzelteilen zusammensetzen?

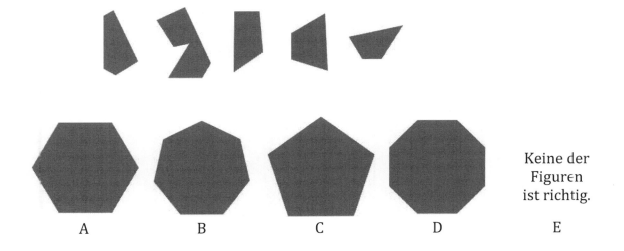

Keine der Figuren ist richtig.

A B C D E

9. Welche Figur lässt sich aus den folgenden Einzelteilen zusammensetzen?

Keine der Figuren ist richtig.

A B C D E

10. Welche Figur lässt sich aus den folgenden Einzelteilen zusammensetzen?

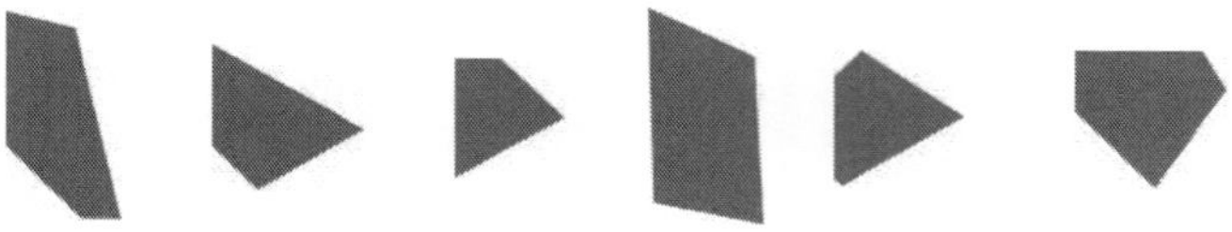

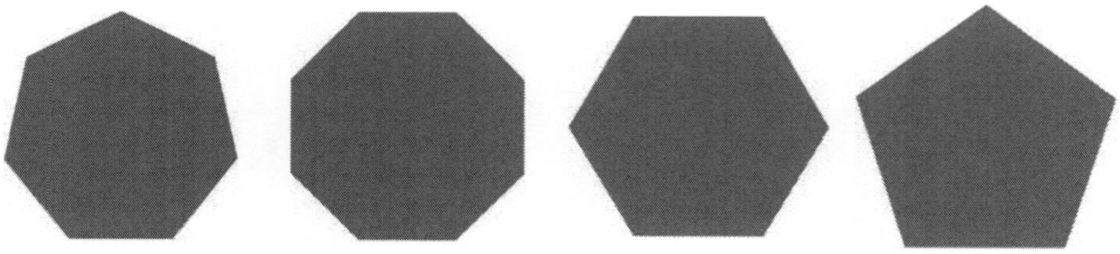

Keine der Figuren ist richtig.

A B C D E

11. Welche Figur lässt sich aus den folgenden Einzelteilen zusammensetzen?

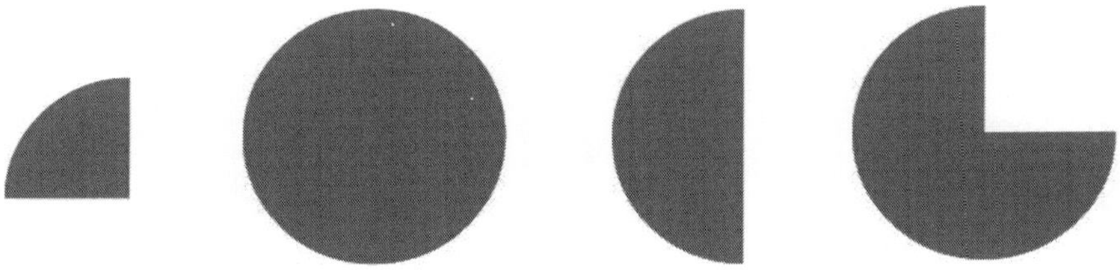

A B C D

Keine der Figuren ist richtig.

E

12. Welche Figur lässt sich aus den folgenden Einzelteilen zusammensetzen?

A B C D

Keine der Figuren ist richtig.

E

13. Welche Figur lässt sich aus den folgenden Einzelteilen zusammensetzen?

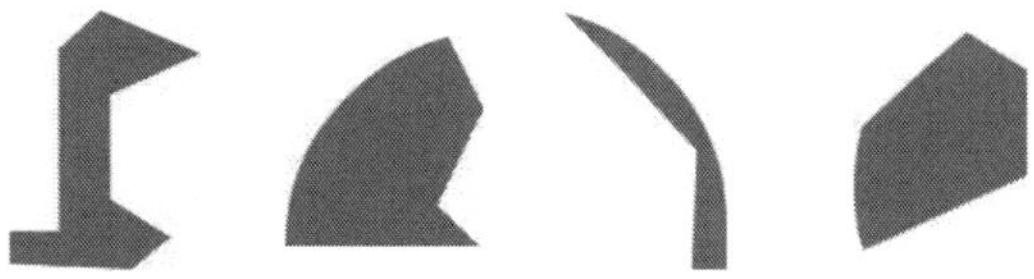

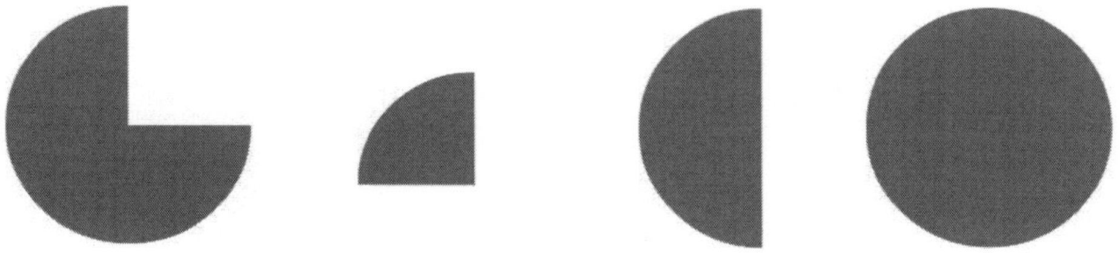

Keine der Figuren ist richtig.

A B C D E

14. Welche Figur lässt sich aus den folgenden Einzelteilen zusammensetzen?

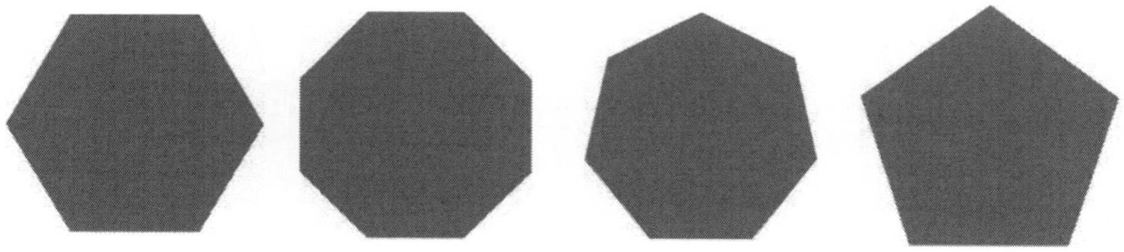

Keine der Figuren ist richtig.

A B C D E

15. Welche Figur lässt sich aus den folgenden Einzelteilen zusammensetzen?

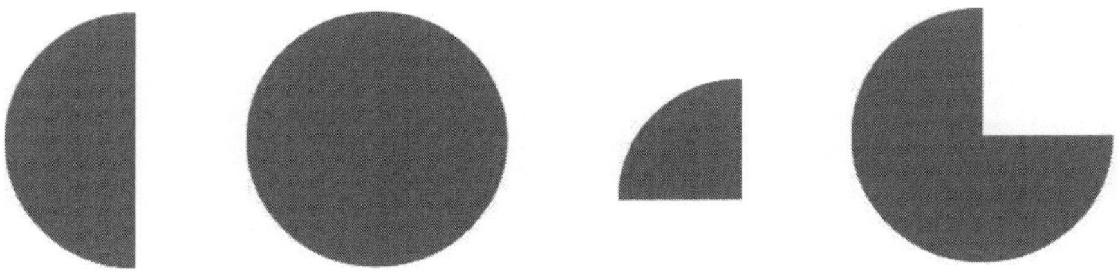

A B C D

Keine der Figuren ist richtig.

E

16. Welche Figur lässt sich aus den folgenden Einzelteilen zusammensetzen?

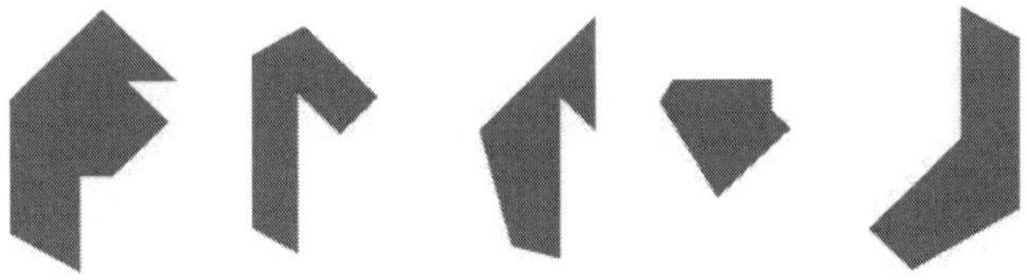

A B C D

Keine der Figuren ist richtig.

E

17. Welche Figur lässt sich aus den folgenden Einzelteilen zusammensetzen?

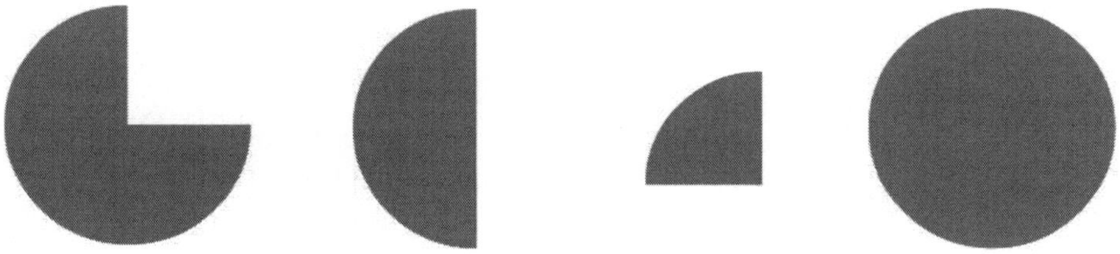

Keine der Figuren ist richtig.

A B C D E

18. Welche Figur lässt sich aus den folgenden Einzelteilen zusammensetzen?

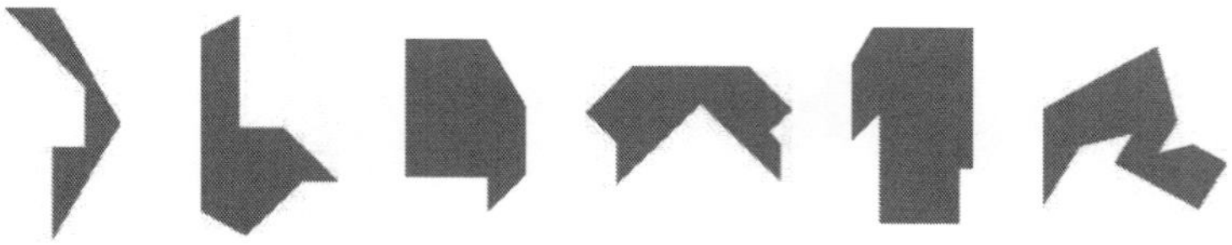

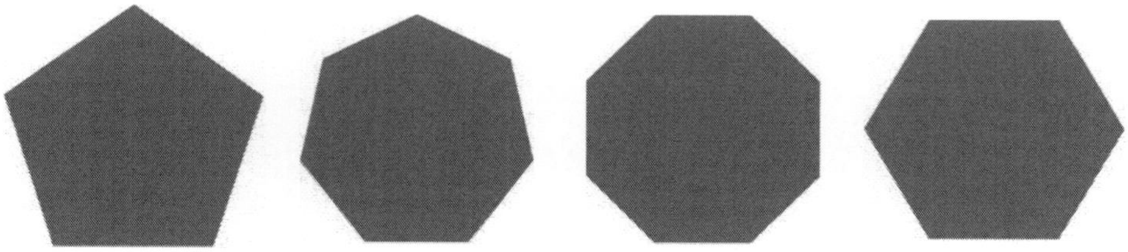

Keine der Figuren ist richtig.

A B C D E

19. Welche Figur lässt sich aus den folgenden Einzelteilen zusammensetzen?

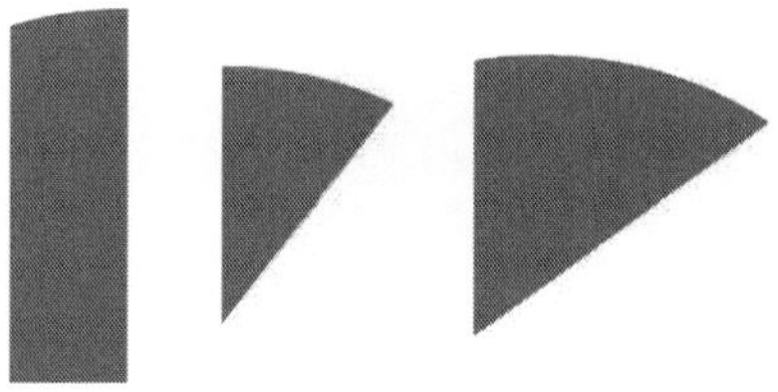

Keine der Figuren ist richtig.

A B C D E

20. Welche Figur lässt sich aus den folgenden Einzelteilen zusammensetzen?

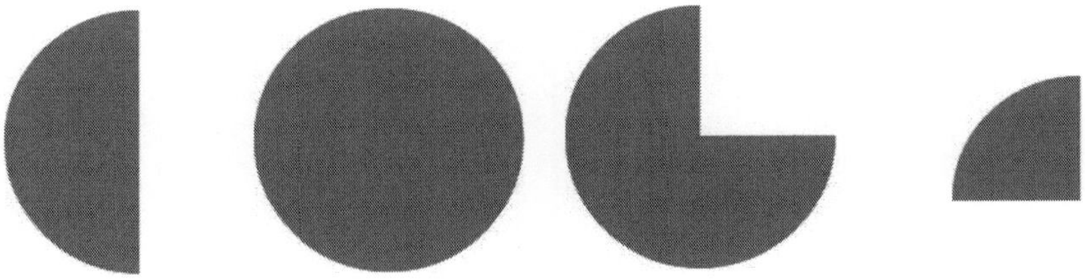

Keine der Figuren ist richtig.

A B C D E

Figuren Zusammensetzen Testset 2

21. Welche Figur lässt sich aus den folgenden Einzelteilen zusammensetzen?

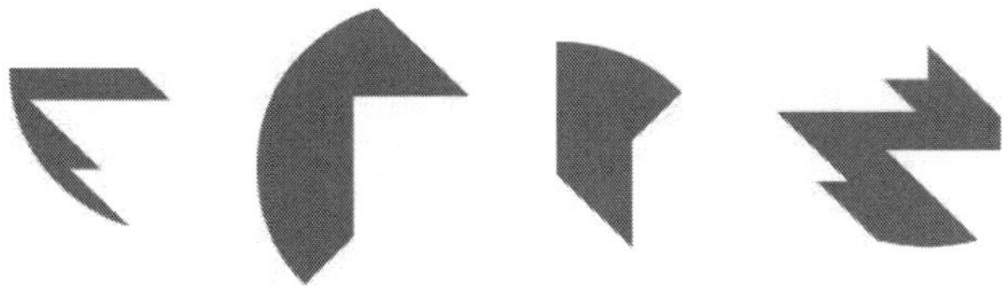

Keine der Figuren ist richtig.

A B C D E

22. Welche Figur lässt sich aus den folgenden Einzelteilen zusammensetzen?

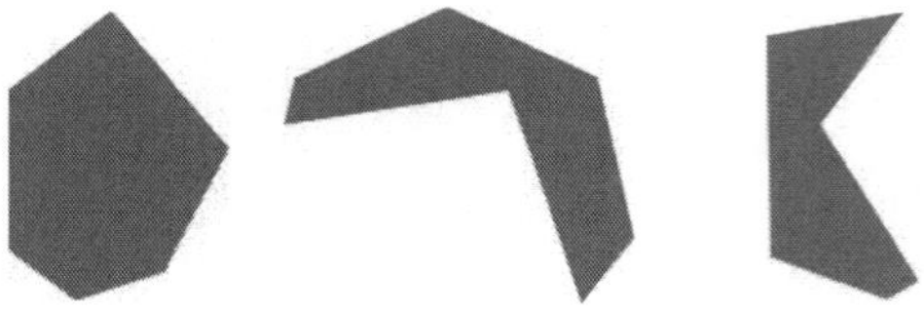

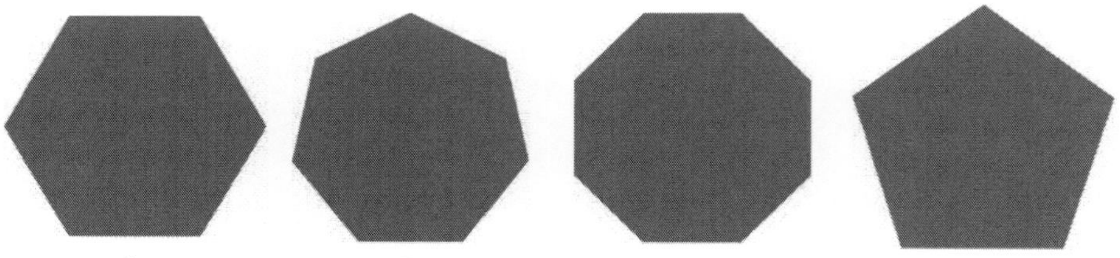

Keine der Figuren ist richtig.

A B C D E

23. Welche Figur lässt sich aus den folgenden Einzelteilen zusammensetzen?

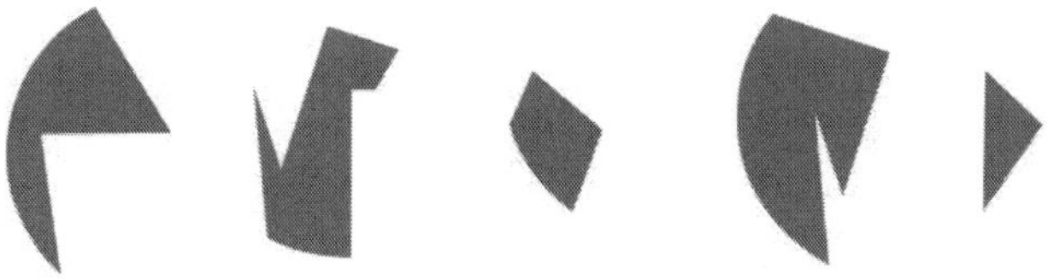

Keine der Figuren ist richtig.

A B C D E

24. Welche Figur lässt sich aus den folgenden Einzelteilen zusammensetzen?

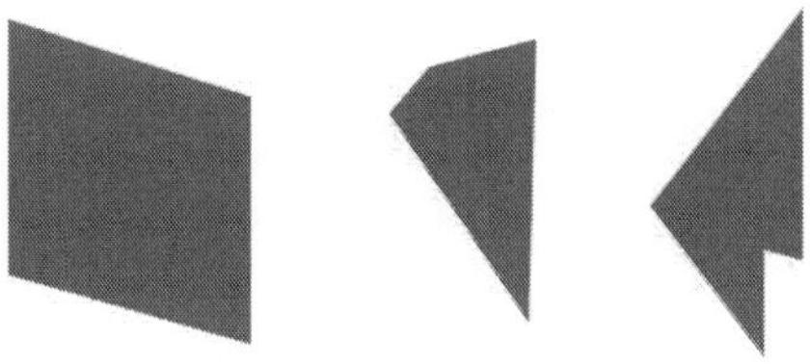

Keine der Figuren ist richtig.

A B C D E

25. Welche Figur lässt sich aus den folgenden Einzelteilen zusammensetzen?

A	B	C	D	E
				Keine der Figuren ist richtig.

26. Welche Figur lässt sich aus den folgenden Einzelteilen zusammensetzen?

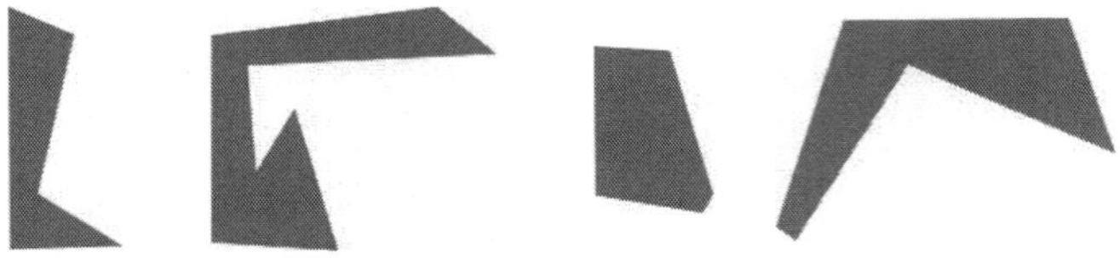

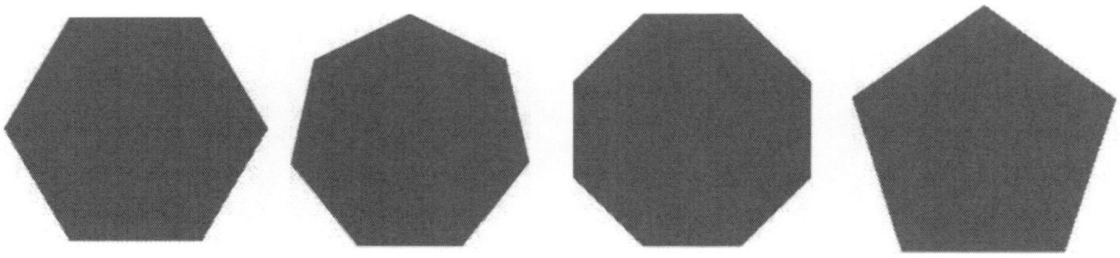

A	B	C	D	E
				Keine der Figuren ist richtig.

27. Welche Figur lässt sich aus den folgenden Einzelteilen zusammensetzen?

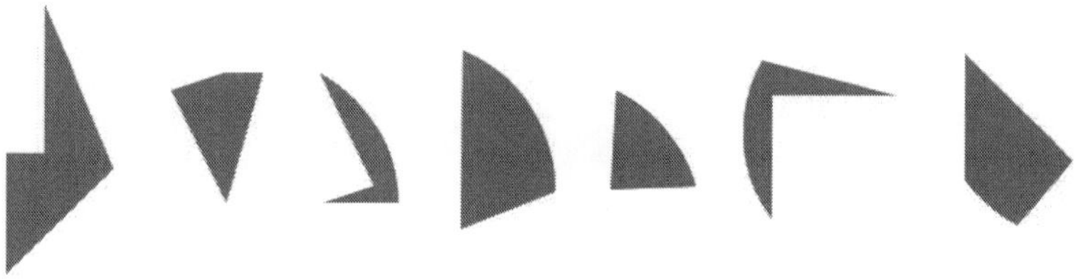

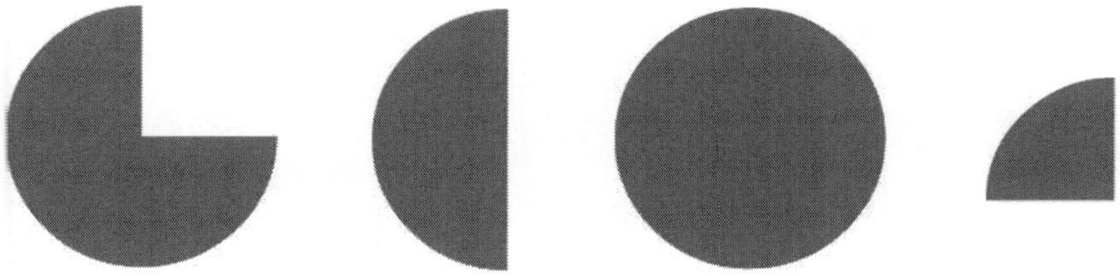

A B C D

Keine der Figuren ist richtig.

E

28. Welche Figur lässt sich aus den folgenden Einzelteilen zusammensetzen?

A B C D

Keine der Figuren ist richtig.

E

29. Welche Figur lässt sich aus den folgenden Einzelteilen zusammensetzen?

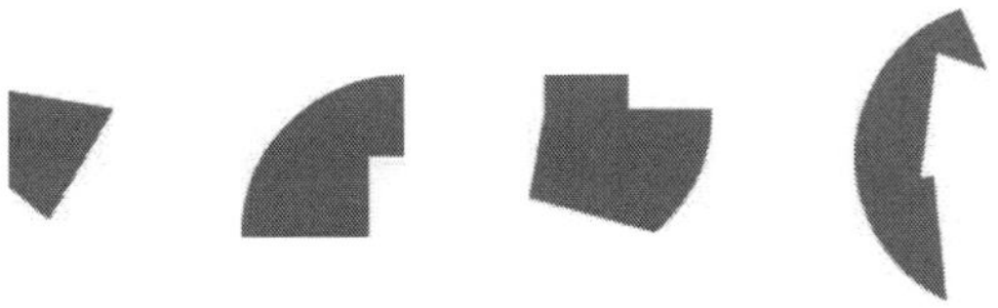

A B C D

Keine der Figuren ist richtig.

E

30. Welche Figur lässt sich aus den folgenden Einzelteilen zusammensetzen?

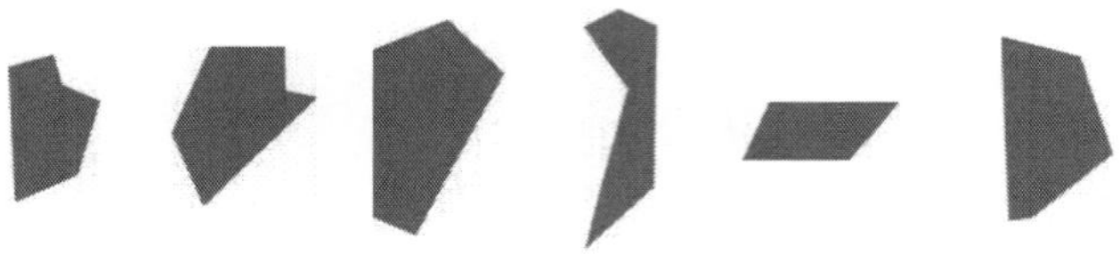

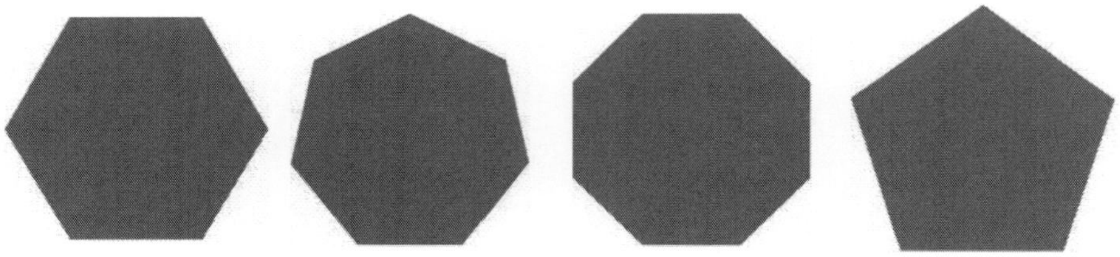

A B C D

Keine der Figuren ist richtig.

E

31. Welche Figur lässt sich aus den folgenden Einzelteilen zusammensetzen?

Keine der Figuren ist richtig.

A B C D E

32. Welche Figur lässt sich aus den folgenden Einzelteilen zusammensetzen?

Keine der Figuren ist richtig.

A B C D E

33. Welche Figur lässt sich aus den folgenden Einzelteilen zusammensetzen?

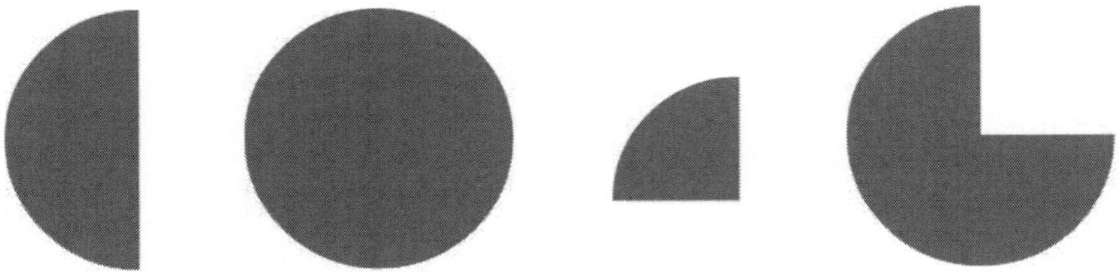

Keine der Figuren ist richtig.

A B C D E

34. Welche Figur lässt sich aus den folgenden Einzelteilen zusammensetzen?

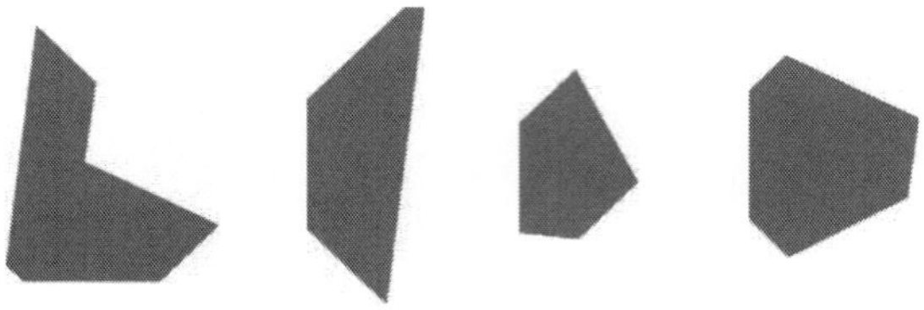

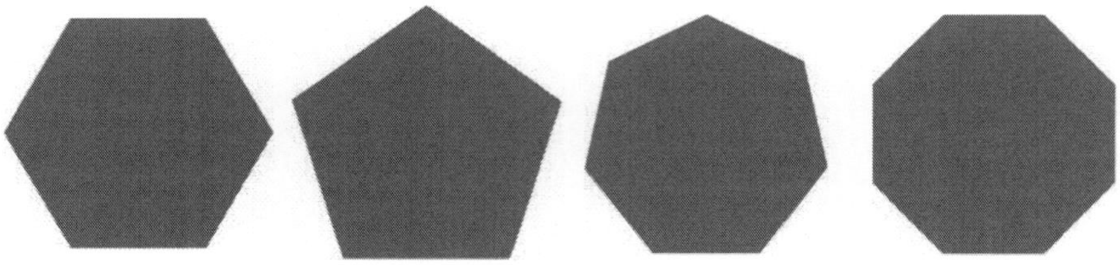

Keine der Figuren ist richtig.

A B C D E

35. Welche Figur lässt sich aus den folgenden Einzelteilen zusammensetzen?

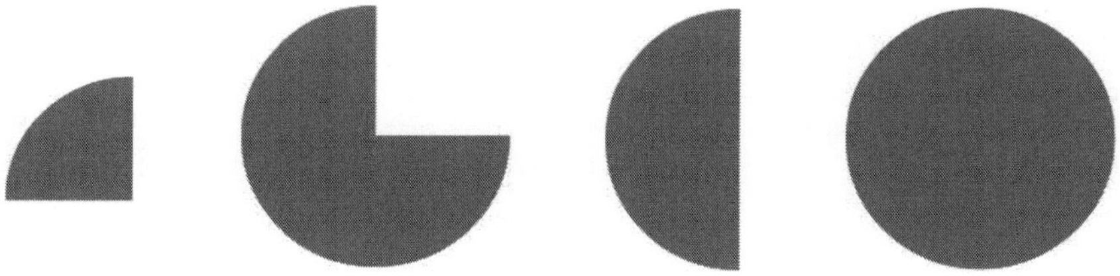

Keine der Figuren ist richtig.

A B C D E

36. Welche Figur lässt sich aus den folgenden Einzelteilen zusammensetzen?

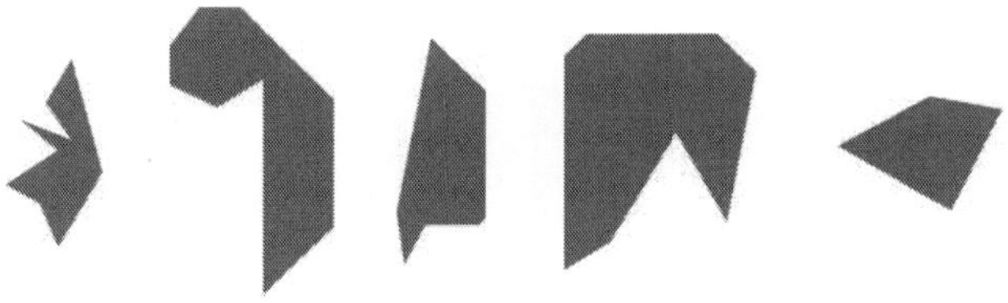

Keine der Figuren ist richtig.

A B C D E

37. Welche Figur lässt sich aus den folgenden Einzelteilen zusammensetzen?

Keine der Figuren ist richtig.

A B C D E

38. Welche Figur lässt sich aus den folgenden Einzelteilen zusammensetzen?

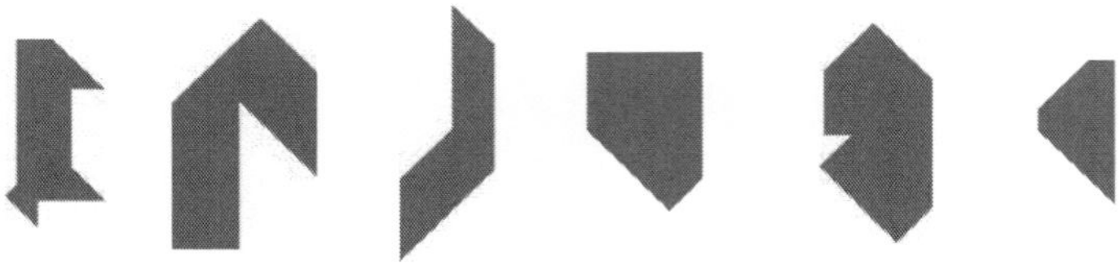

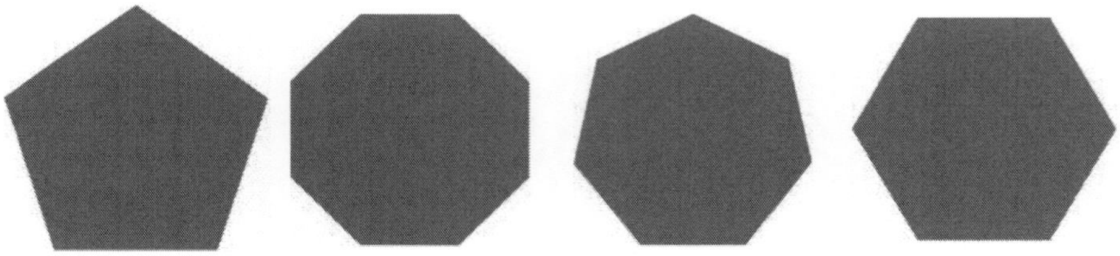

Keine der Figuren ist richtig.

A B C D E

39. Welche Figur lässt sich aus den folgenden Einzelteilen zusammensetzen?

Keine der Figuren ist richtig.

A B C D E

40. Welche Figur lässt sich aus den folgenden Einzelteilen zusammensetzen?

Keine der Figuren ist richtig.

A B C D E

Figuren Zusammensetzen Testset 3

41. Welche Figur lässt sich aus den folgenden Einzelteilen zusammensetzen?

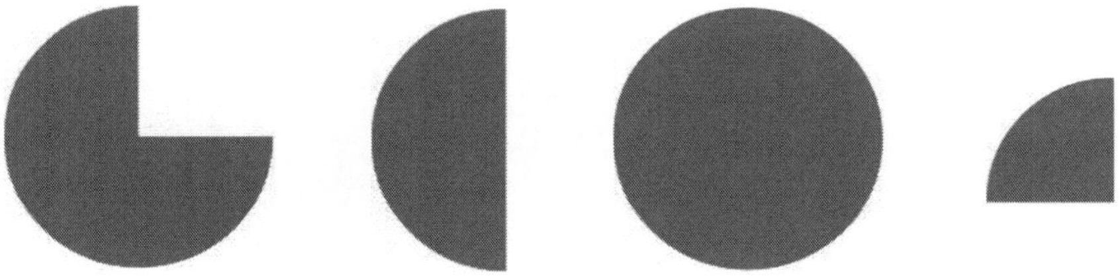

Keine der Figuren ist richtig.

A B C D E

42. Welche Figur lässt sich aus den folgenden Einzelteilen zusammensetzen?

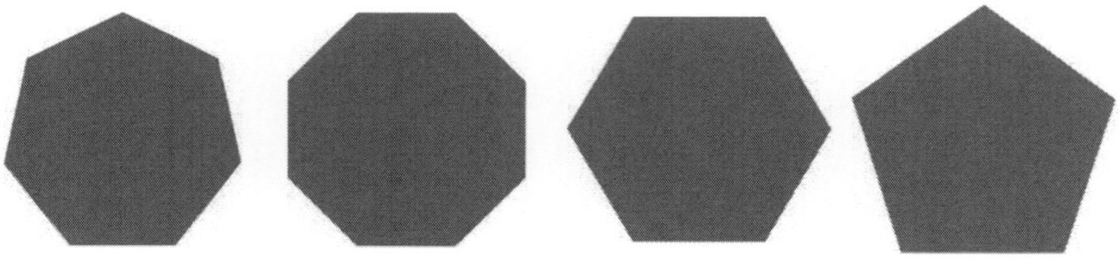

Keine der Figuren ist richtig.

A B C D E

43. Welche Figur lässt sich aus den folgenden Einzelteilen zusammensetzen?

A B C D E

Keine der Figuren ist richtig.

44. Welche Figur lässt sich aus den folgenden Einzelteilen zusammensetzen?

A B C D E

Keine der Figuren ist richtig.

45. Welche Figur lässt sich aus den folgenden Einzelteilen zusammensetzen?

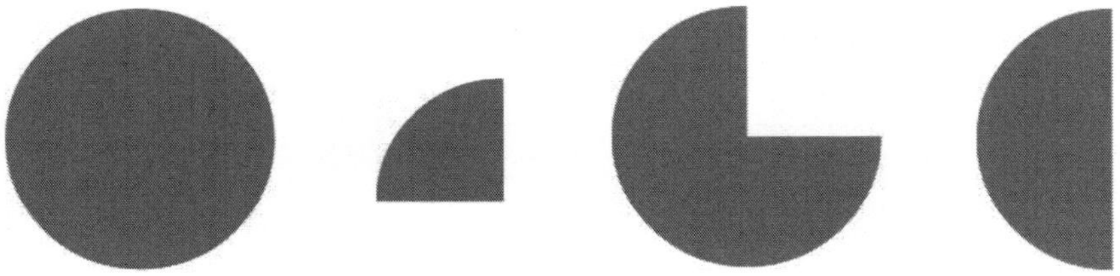

Keine der Figuren ist richtig.

A B C D E

46. Welche Figur lässt sich aus den folgenden Einzelteilen zusammensetzen?

Keine der Figuren ist richtig.

A B C D E

47. Welche Figur lässt sich aus den folgenden Einzelteilen zusammensetzen?

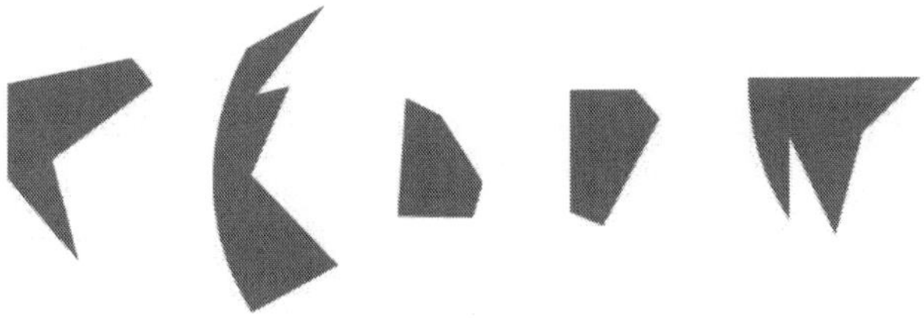

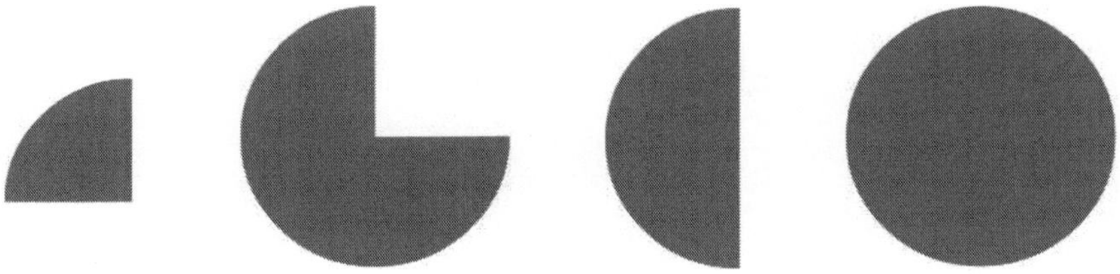

Keine der Figuren ist richtig.

A B C D E

48. Welche Figur lässt sich aus den folgenden Einzelteilen zusammensetzen?

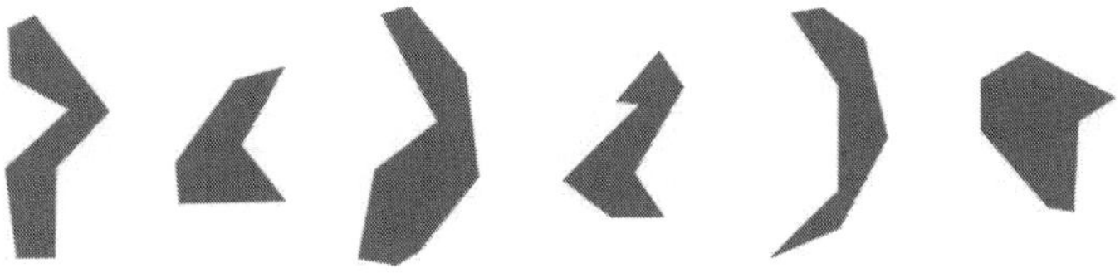

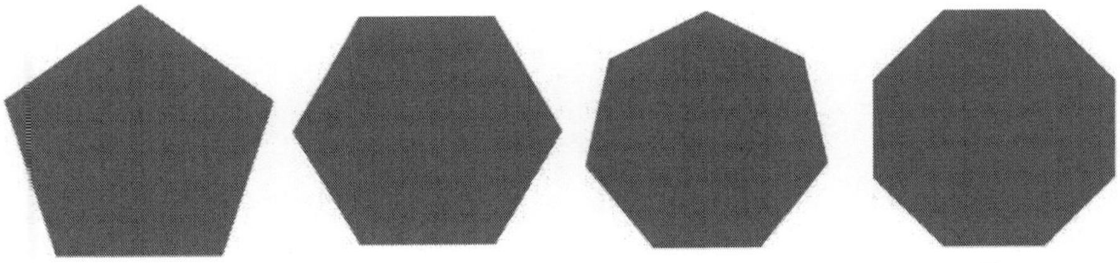

Keine der Figuren ist richtig.

A B C D E

49. Welche Figur lässt sich aus den folgenden Einzelteilen zusammensetzen?

Keine der Figuren ist richtig.

A B C D E

50. Welche Figur lässt sich aus den folgenden Einzelteilen zusammensetzen?

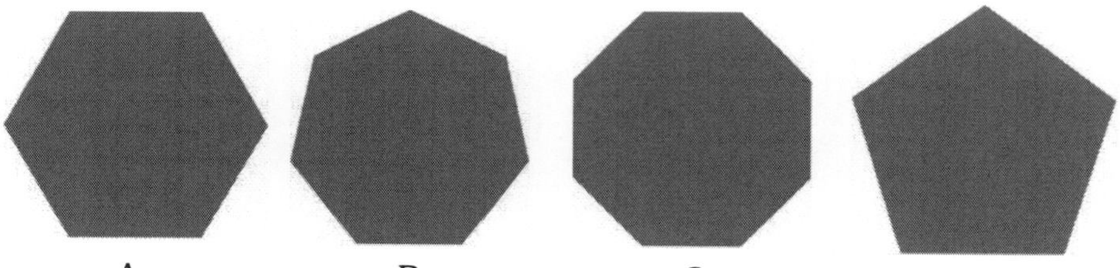

Keine der Figuren ist richtig.

A B C D E

51. Welche Figur lässt sich aus den folgenden Einzelteilen zusammensetzen?

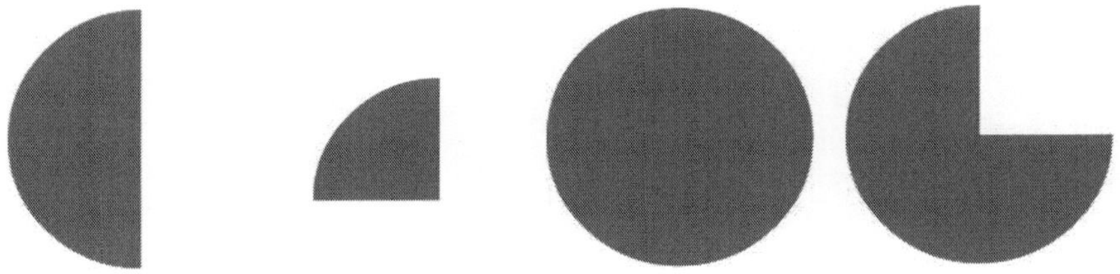

A B C D

Keine der Figuren ist richtig.

E

52. Welche Figur lässt sich aus den folgenden Einzelteilen zusammensetzen?

A B C D

Keine der Figuren ist richtig.

E

53. Welche Figur lässt sich aus den folgenden Einzelteilen zusammensetzen?

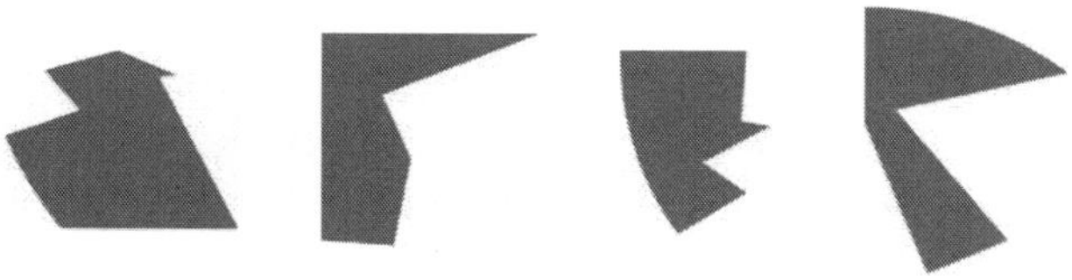

Keine der Figuren ist richtig.

A B C D E

54. Welche Figur lässt sich aus den folgenden Einzelteilen zusammensetzen?

Keine der Figuren ist richtig.

A B C D E

55. Welche Figur lässt sich aus den folgenden Einzelteilen zusammensetzen?

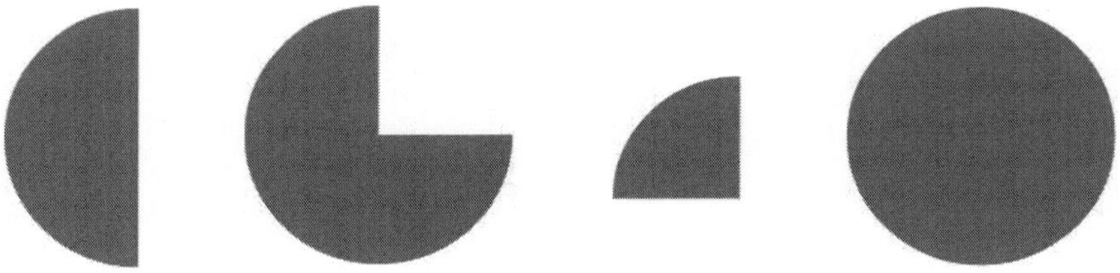

Keine der Figuren ist richtig.

A B C D E

56. Welche Figur lässt sich aus den folgenden Einzelteilen zusammensetzen?

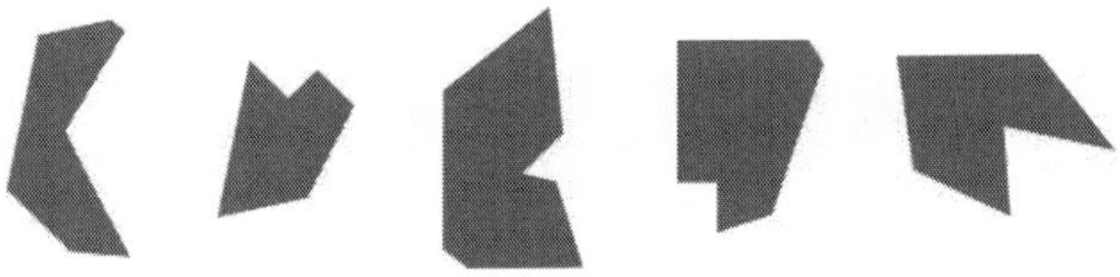

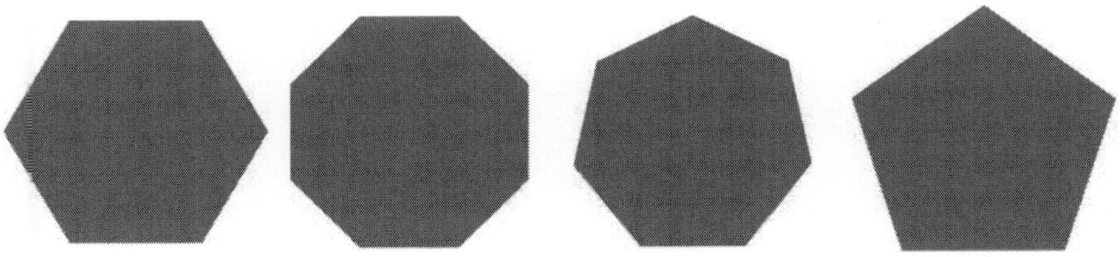

Keine der Figuren ist richtig.

A B C D E

57. Welche Figur lässt sich aus den folgenden Einzelteilen zusammensetzen?

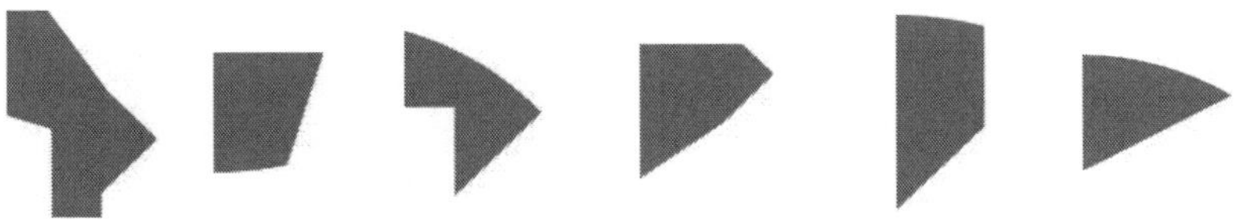

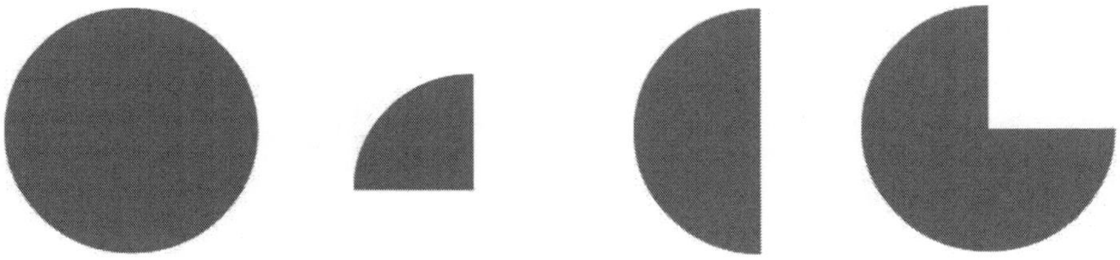

Keine der Figuren ist richtig.

A B C D E

58. Welche Figur lässt sich aus den folgenden Einzelteilen zusammensetzen?

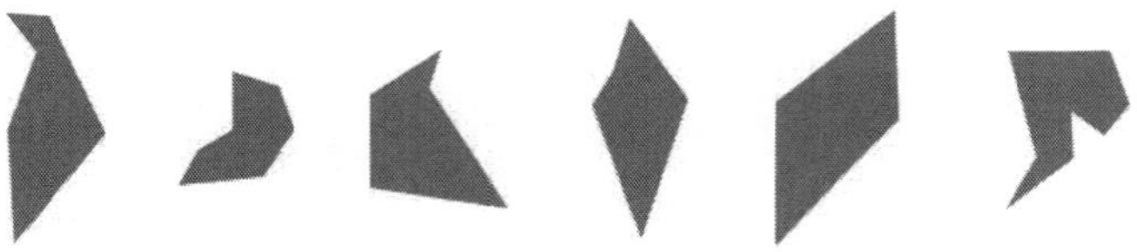

Keine der Figuren ist richtig.

A B C D E

59. Welche Figur lässt sich aus den folgenden Einzelteilen zusammensetzen?

Keine der Figuren ist richtig.

A B C D E

60. Welche Figur lässt sich aus den folgenden Einzelteilen zusammensetzen?

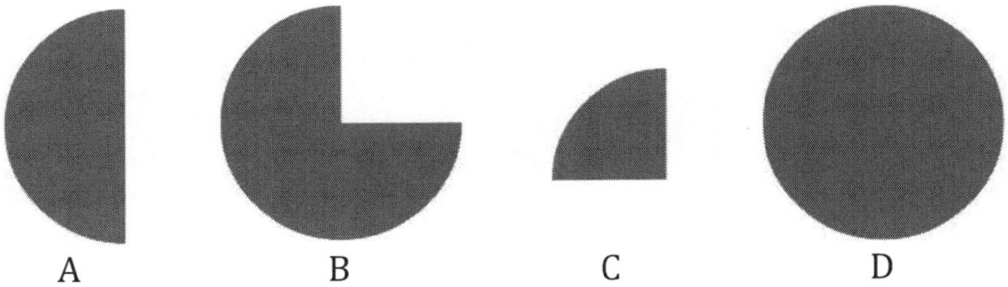

Keine der Figuren ist richtig.

A B C D E

Figuren Zusammensetzen Testset 4

61. Welche Figur lässt sich aus den folgenden Einzelteilen zusammensetzen?

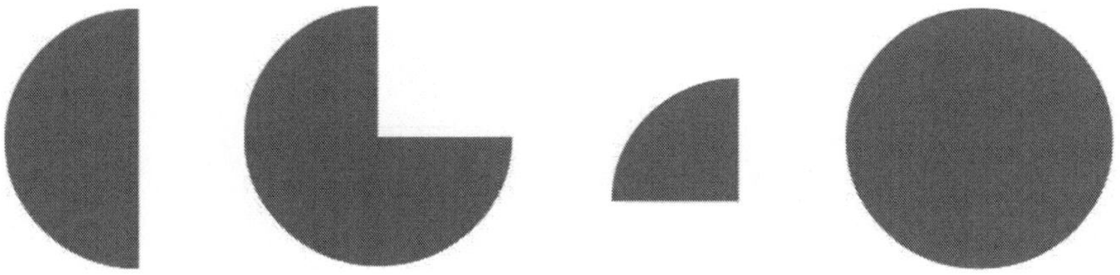

A B C D E: Keine der Figuren ist richtig.

62. Welche Figur lässt sich aus den folgenden Einzelteilen zusammensetzen?

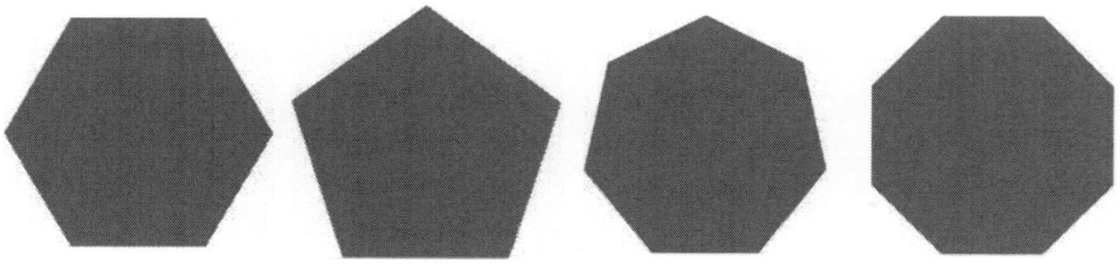

A B C D E: Keine der Figuren ist richtig.

63. Welche Figur lässt sich aus den folgenden Einzelteilen zusammensetzen?

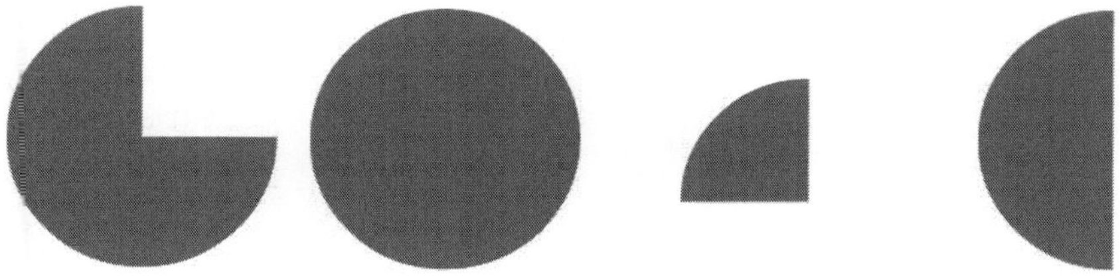

Keine der Figuren ist richtig.

A B C D E

64. Welche Figur lässt sich aus den folgenden Einzelteilen zusammensetzen?

Keine der Figuren ist richtig.

A B C D E

65. Welche Figur lässt sich aus den folgenden Einzelteilen zusammensetzen?

Keine der Figuren ist richtig.

A B C D E

66. Welche Figur lässt sich aus den folgenden Einzelteilen zusammensetzen?

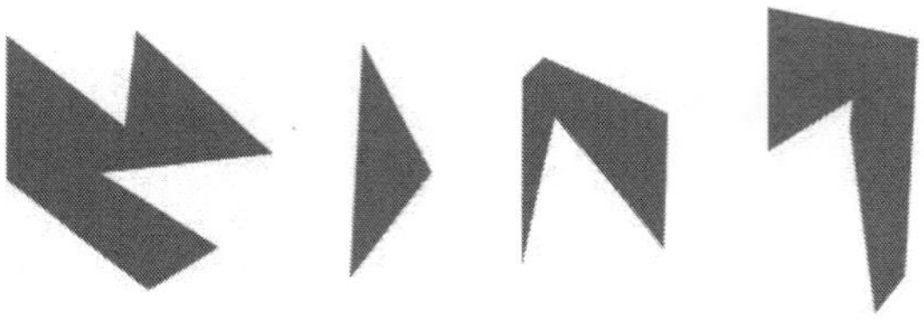

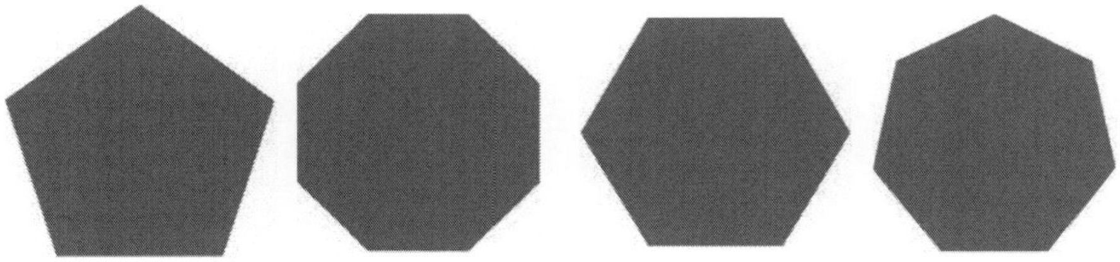

Keine der Figuren ist richtig.

A B C D E

67. Welche Figur lässt sich aus den folgenden Einzelteilen zusammensetzen?

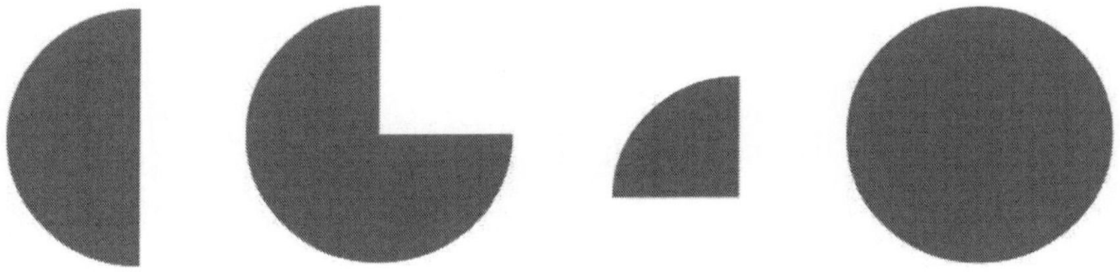

Keine der Figuren ist richtig.

A B C D E

68. Welche Figur lässt sich aus den folgenden Einzelteilen zusammensetzen?

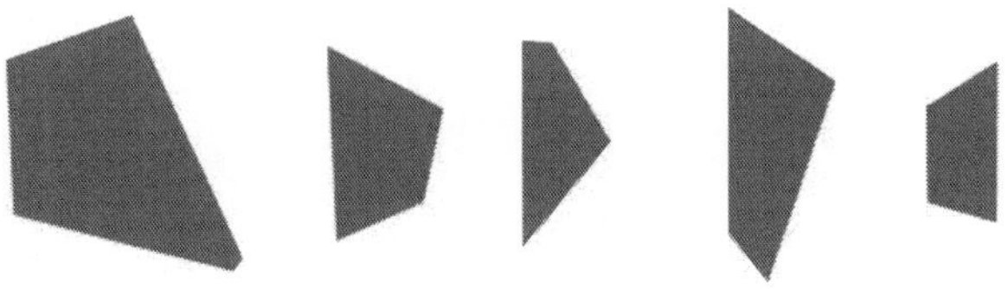

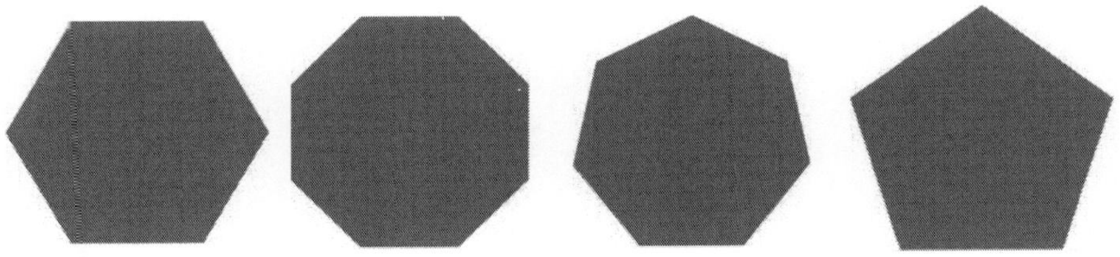

Keine der Figuren ist richtig.

A B C D E

69. Welche Figur lässt sich aus den folgenden Einzelteilen zusammensetzen?

Keine der Figuren ist richtig.

A B C D E

70. Welche Figur lässt sich aus den folgenden Einzelteilen zusammensetzen?

Keine der Figuren ist richtig.

A B C D E

71. Welche Figur lässt sich aus den folgenden Einzelteilen zusammensetzen?

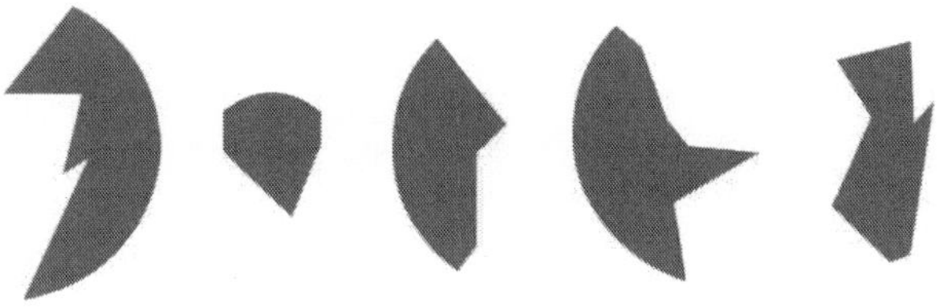

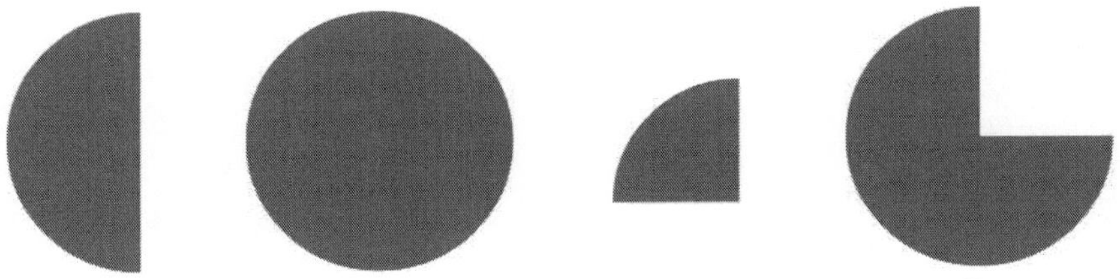

Keine der Figuren ist richtig.

A B C D E

72. Welche Figur lässt sich aus den folgenden Einzelteilen zusammensetzen?

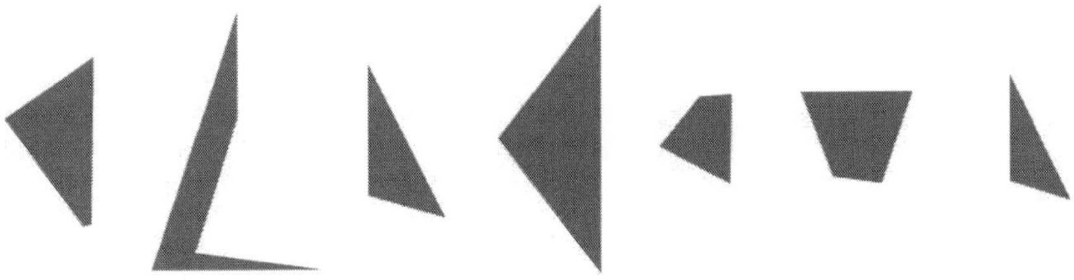

Keine der Figuren ist richtig.

A B C D E

73. Welche Figur lässt sich aus den folgenden Einzelteilen zusammensetzen?

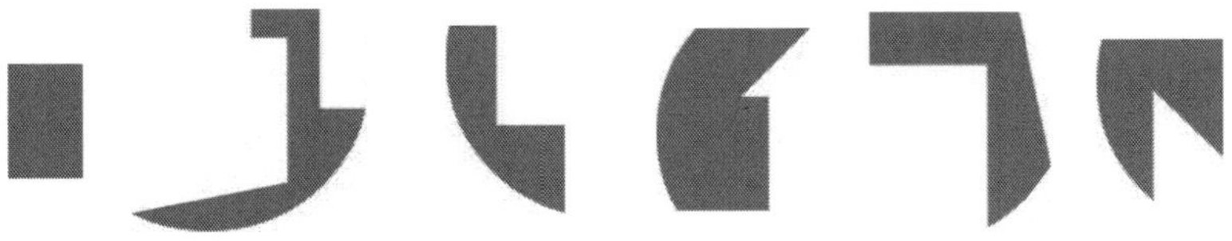

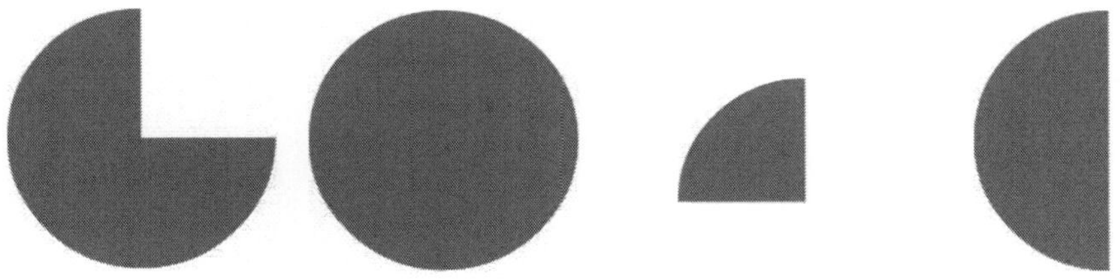

Keine der Figuren ist richtig.

A B C D E

74. Welche Figur lässt sich aus den folgenden Einzelteilen zusammensetzen?

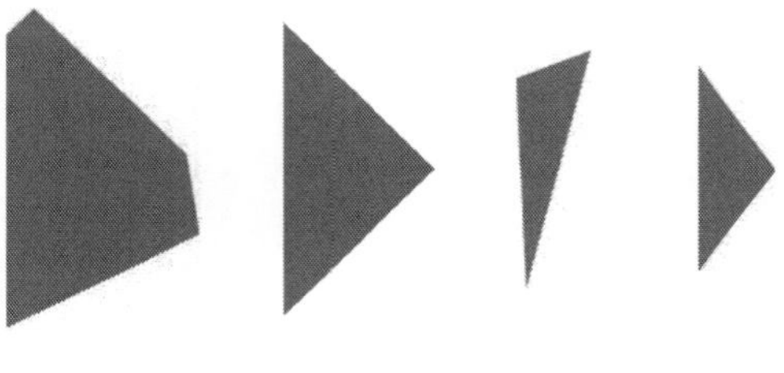

Keine der Figuren ist richtig.

A B C D E

75. Welche Figur lässt sich aus den folgenden Einzelteilen zusammensetzen?

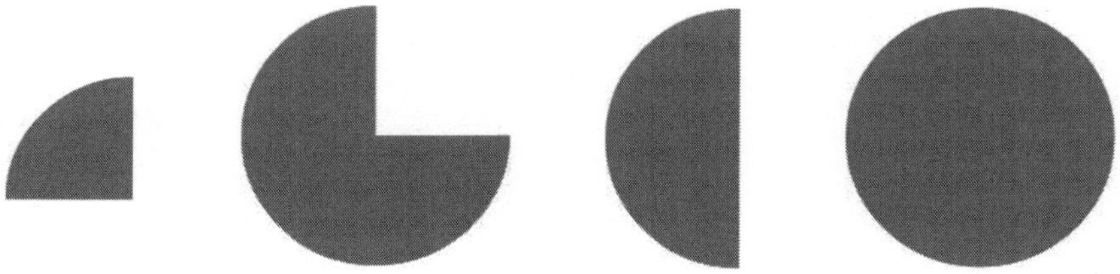

Keine der Figuren ist richtig.

A B C D E

76. Welche Figur lässt sich aus den folgenden Einzelteilen zusammensetzen?

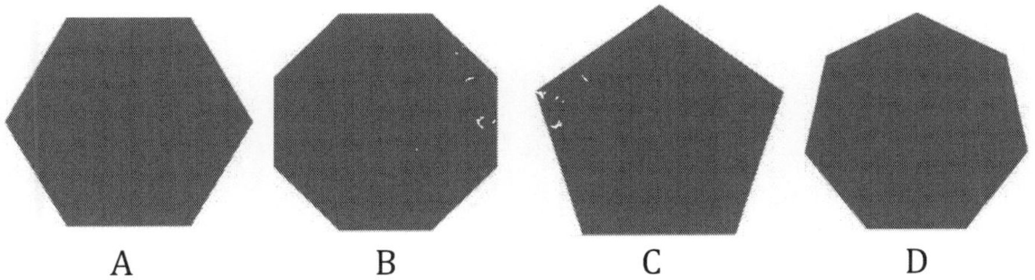

Keine der Figuren ist richtig.

A B C D E

77. Welche Figur lässt sich aus den folgenden Einzelteilen zusammensetzen?

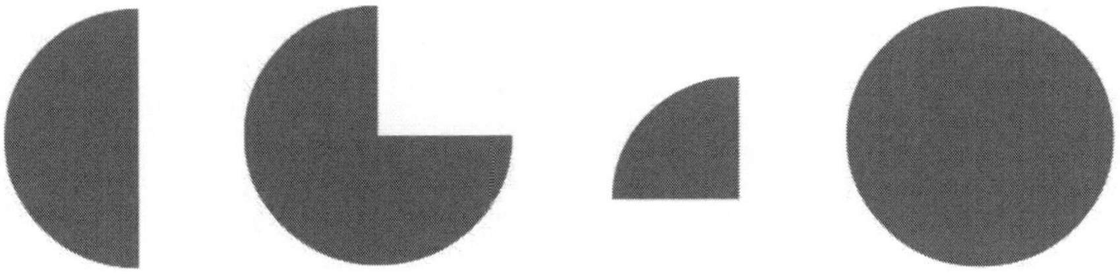

Keine der Figuren ist richtig.

A B C D E

78. Welche Figur lässt sich aus den folgenden Einzelteilen zusammensetzen?

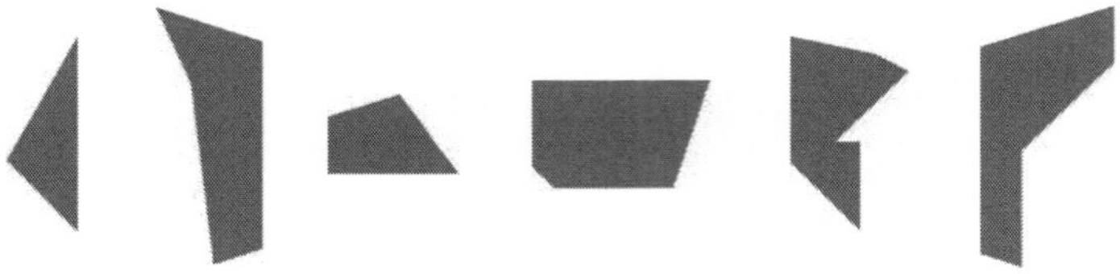

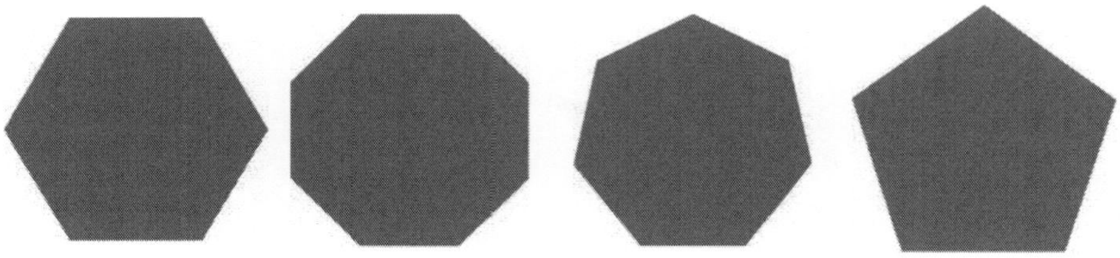

Keine der Figuren ist richtig.

A B C D E

79. Welche Figur lässt sich aus den folgenden Einzelteilen zusammensetzen?

A B C D

Keine der Figuren ist richtig.

E

80. Welche Figur lässt sich aus den folgenden Einzelteilen zusammensetzen?

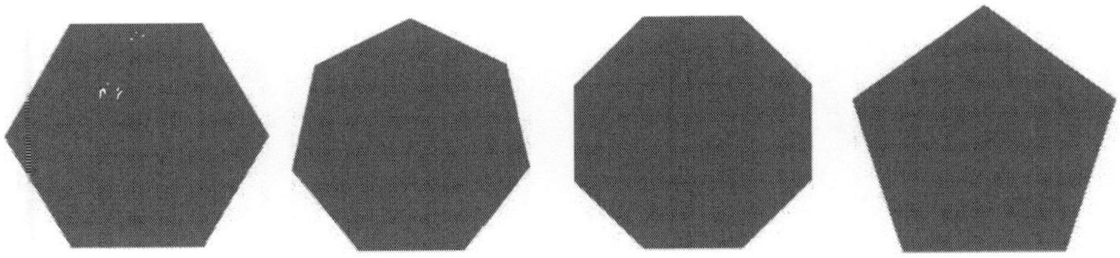

A B C D

Keine der Figuren ist richtig.

E

Figuren Zusammensetzen Testset 5

81. Welche Figur lässt sich aus den folgenden Einzelteilen zusammensetzen?

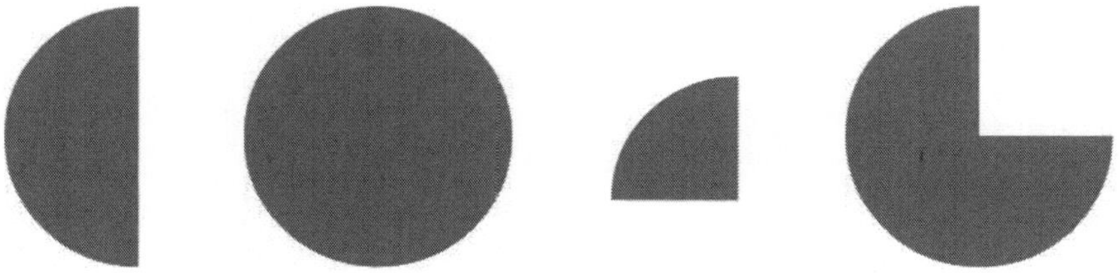

Keine der Figuren ist richtig.

A B C D E

82. Welche Figur lässt sich aus den folgenden Einzelteilen zusammensetzen?

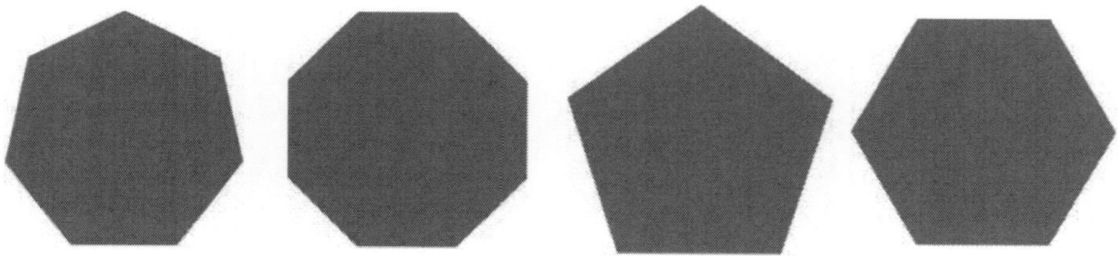

Keine der Figuren ist richtig.

A B C D E

83. Welche Figur lässt sich aus den folgenden Einzelteilen zusammensetzen?

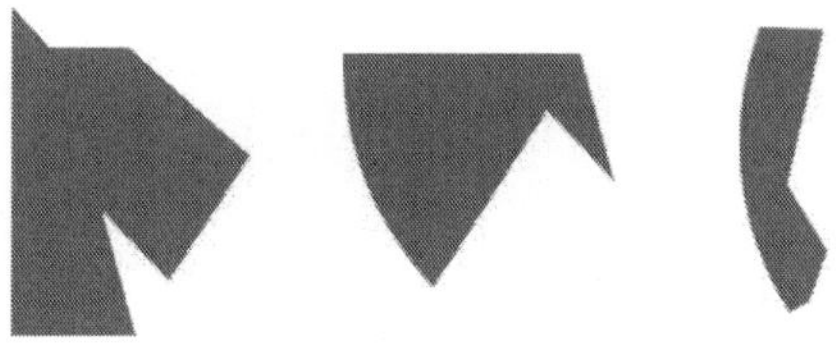

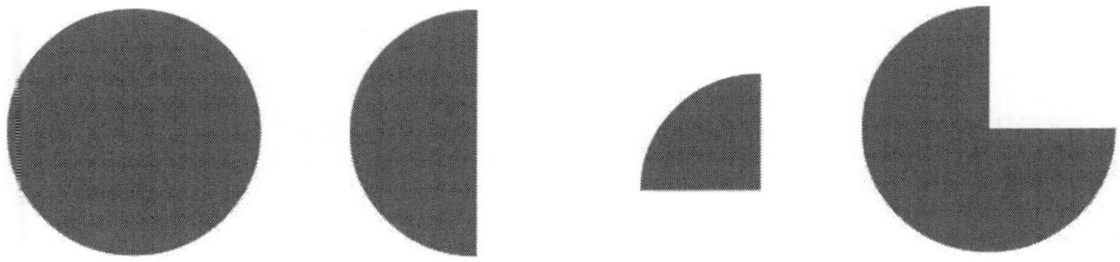

Keine der Figuren ist richtig.

A B C D E

84. Welche Figur lässt sich aus den folgenden Einzelteilen zusammensetzen?

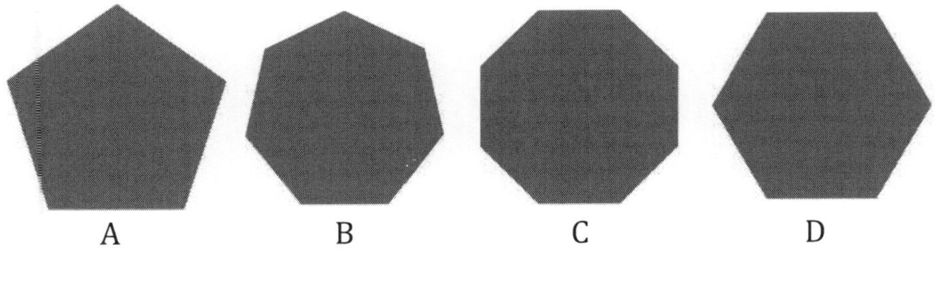

Keine der Figuren ist richtig.

A B C D E

85. Welche Figur lässt sich aus den folgenden Einzelteilen zusammensetzen?

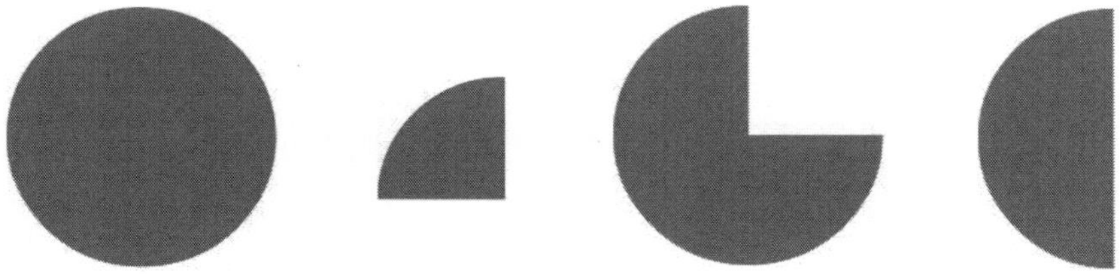

Keine der Figuren ist richtig.

A B C D E

86. Welche Figur lässt sich aus den folgenden Einzelteilen zusammensetzen?

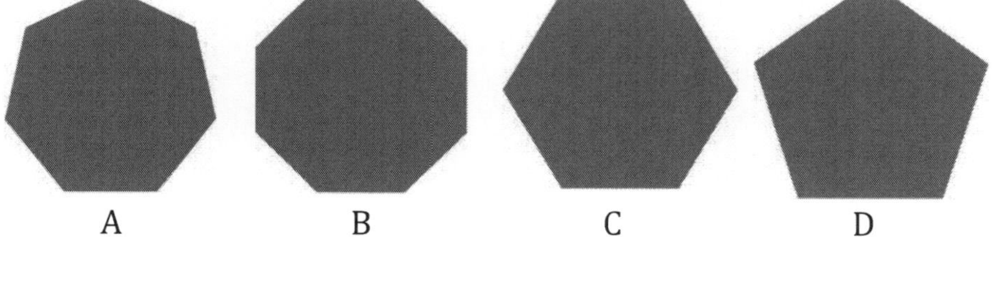

Keine der Figuren ist richtig.

A B C D E

87. Welche Figur lässt sich aus den folgenden Einzelteilen zusammensetzen?

Keine der Figuren ist richtig.

A B C D E

88. Welche Figur lässt sich aus den folgenden Einzelteilen zusammensetzen?

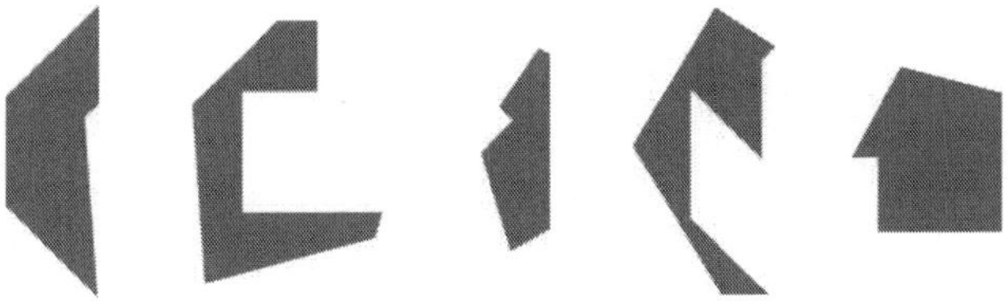

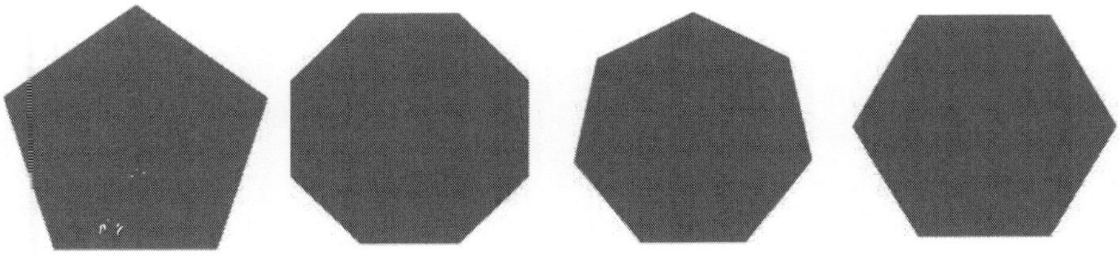

Keine der Figuren ist richtig.

A B C D E

89. Welche Figur lässt sich aus den folgenden Einzelteilen zusammensetzen?

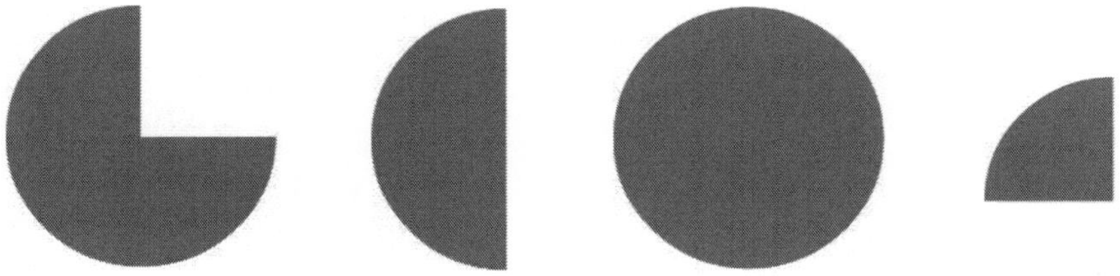

Keine der Figuren ist richtig.

A B C D E

90. Welche Figur lässt sich aus den folgenden Einzelteilen zusammensetzen?

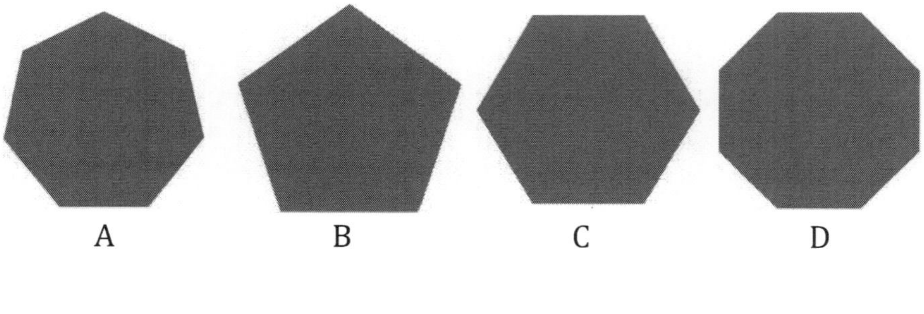

Keine der Figuren ist richtig.

A B C D E

91. Welche Figur lässt sich aus den folgenden Einzelteilen zusammensetzen?

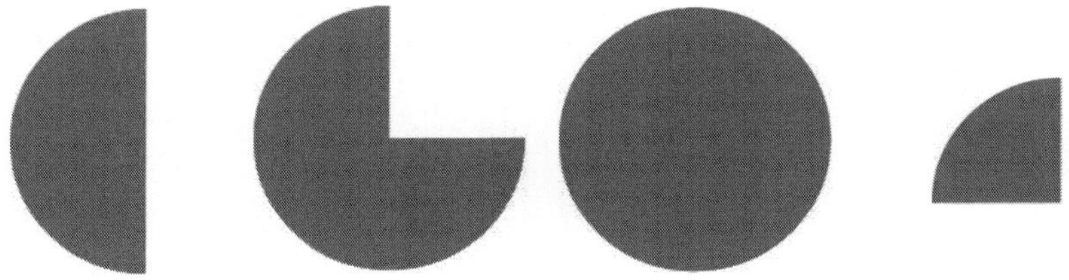

A B C D

E: Keine der Figuren ist richtig.

92. Welche Figur lässt sich aus den folgenden Einzelteilen zusammensetzen?

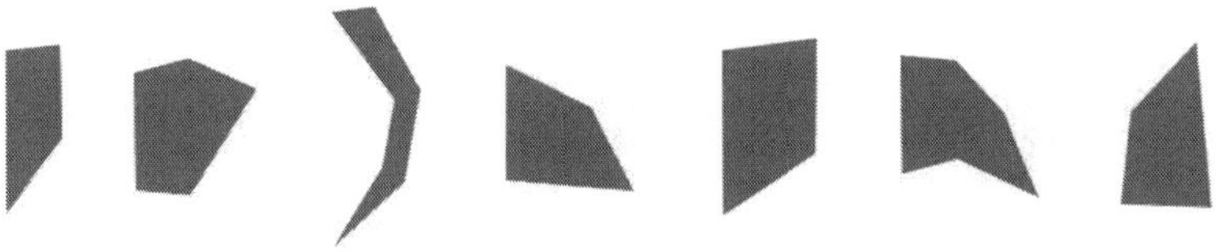

A B C D

E: Keine der Figuren ist richtig.

93. Welche Figur lässt sich aus den folgenden Einzelteilen zusammensetzen?

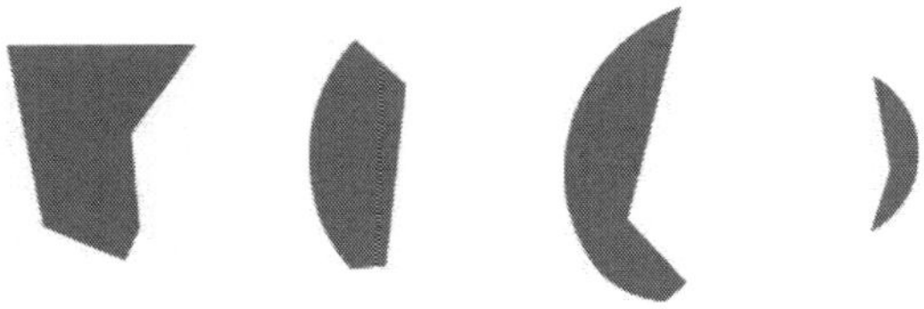

Keine der Figuren ist richtig.

A B C D E

94. Welche Figur lässt sich aus den folgenden Einzelteilen zusammensetzen?

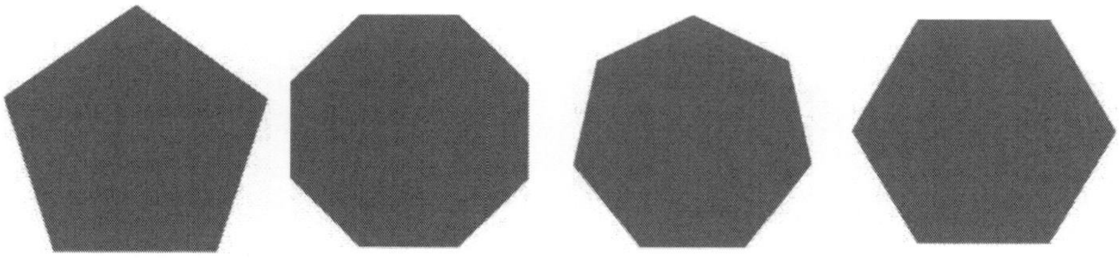

Keine der Figuren ist richtig.

A B C D E

95. Welche Figur lässt sich aus den folgenden Einzelteilen zusammensetzen?

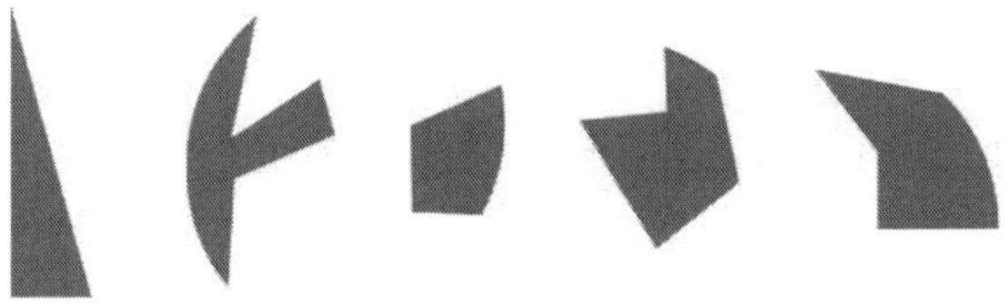

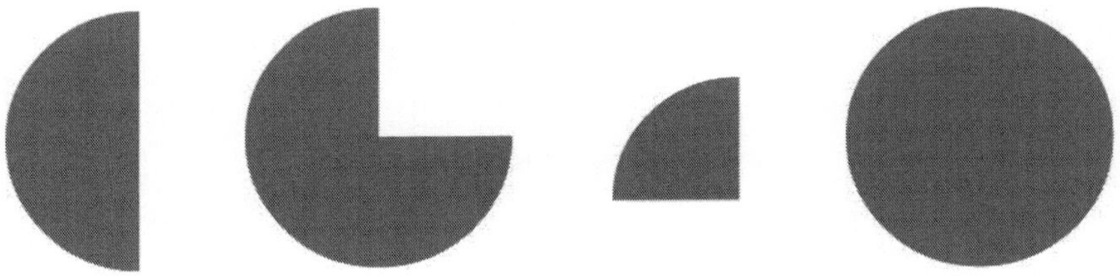

Keine der Figuren ist richtig.

A B C D E

96. Welche Figur lässt sich aus den folgenden Einzelteilen zusammensetzen?

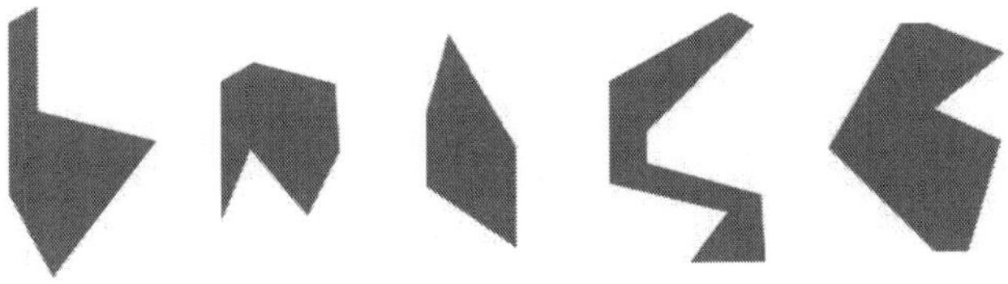

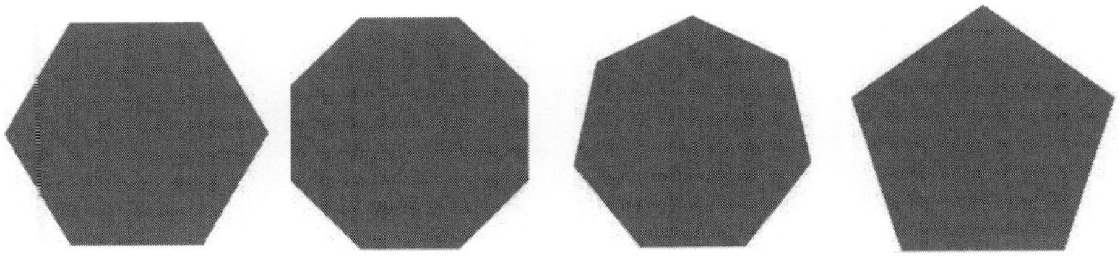

Keine der Figuren ist richtig.

A B C D E

97. Welche Figur lässt sich aus den folgenden Einzelteilen zusammensetzen?

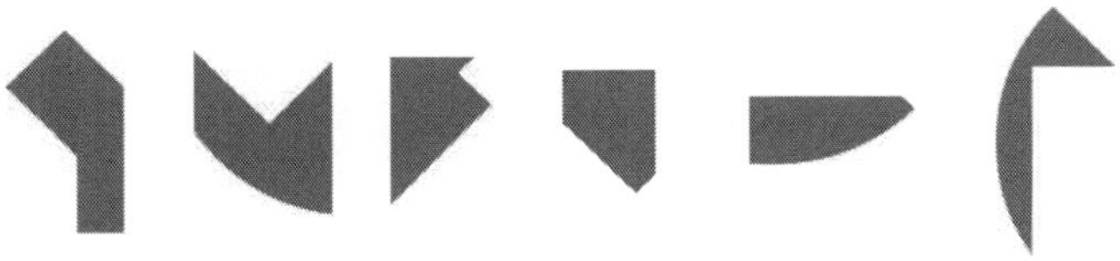

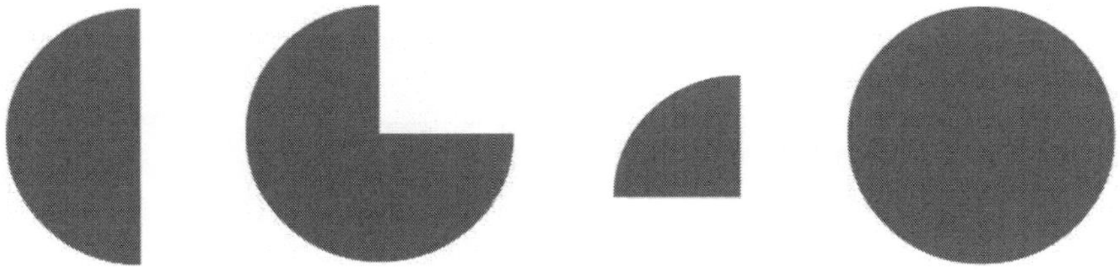

Keine der Figuren ist richtig.

A B C D E

98. Welche Figur lässt sich aus den folgenden Einzelteilen zusammensetzen?

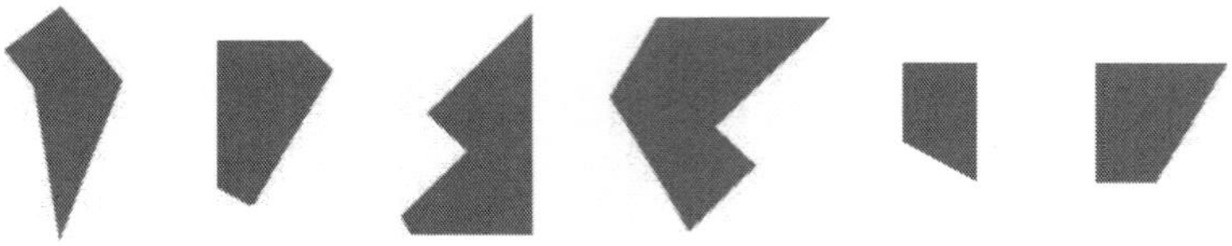

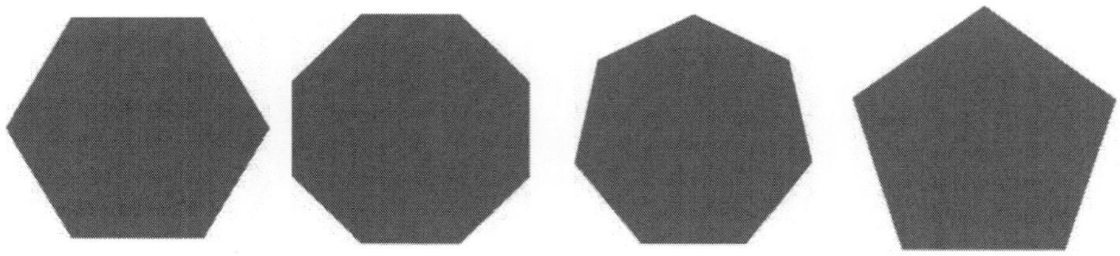

Keine der Figuren ist richtig.

A B C D E

99. Welche Figur lässt sich aus den folgenden Einzelteilen zusammensetzen?

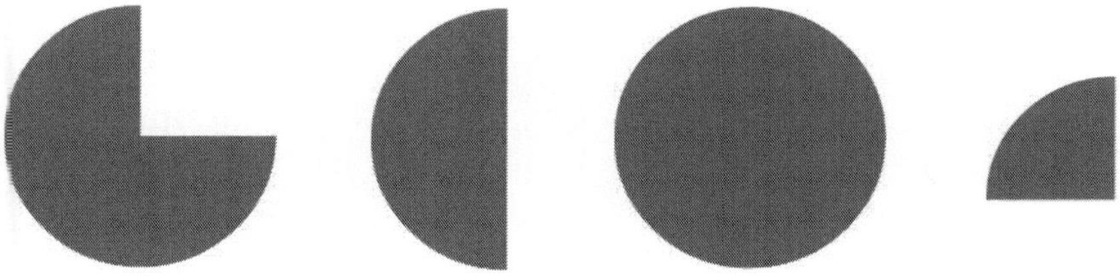

Keine der Figuren ist richtig.

A B C D E

100. Welche Figur lässt sich aus den folgenden Einzelteilen zusammensetzen?

Keine der Figuren ist richtig.

A B C D E

Figuren Zusammensetzen Testset 6

101. Welche Figur lässt sich aus den folgenden Einzelteilen zusammensetzen?

Keine der Figuren ist richtig.

A B C D E

102. Welche Figur lässt sich aus den folgenden Einzelteilen zusammensetzen?

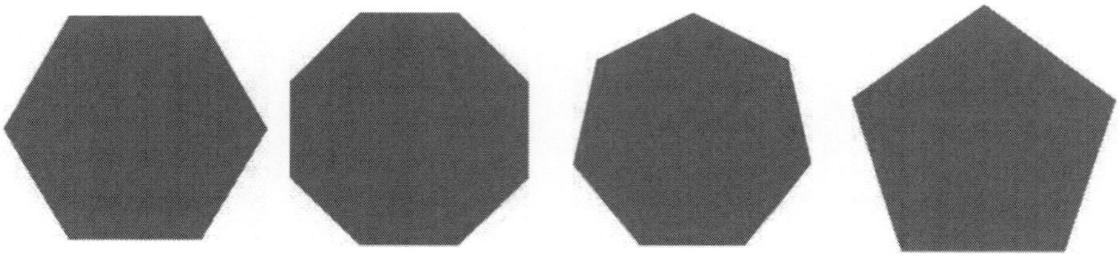

Keine der Figuren ist richtig.

A B C D E

103. Welche Figur lässt sich aus den folgenden Einzelteilen zusammensetzen?

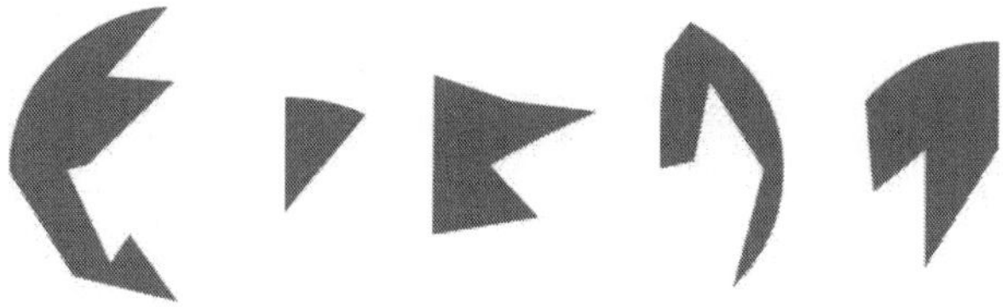

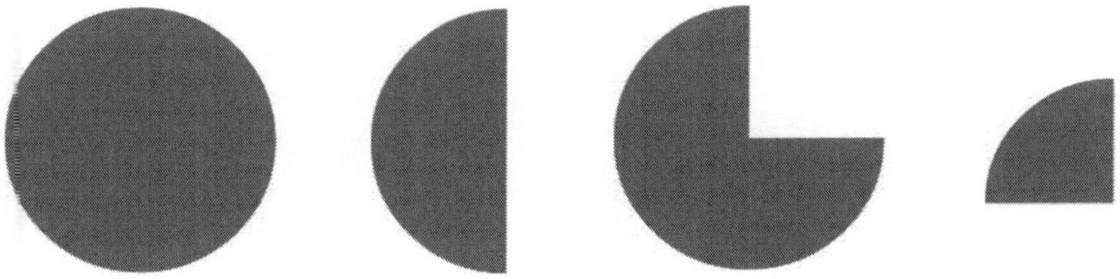

A B C D

Keine der Figuren ist richtig.

E

104. Welche Figur lässt sich aus den folgenden Einzelteilen zusammensetzen?

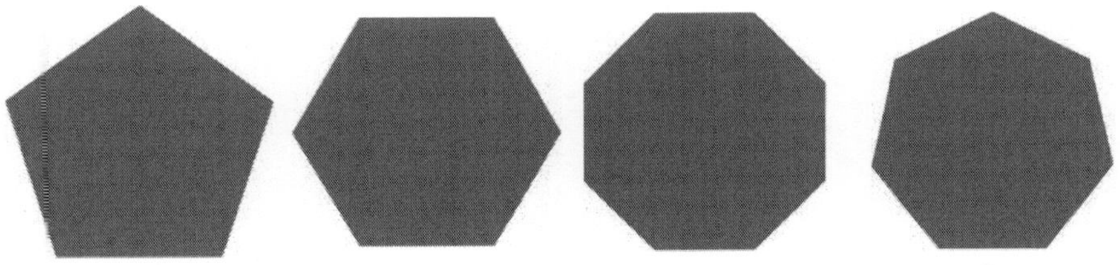

A B C D

Keine der Figuren ist richtig.

E

105. Welche Figur lässt sich aus den folgenden Einzelteilen zusammensetzen?

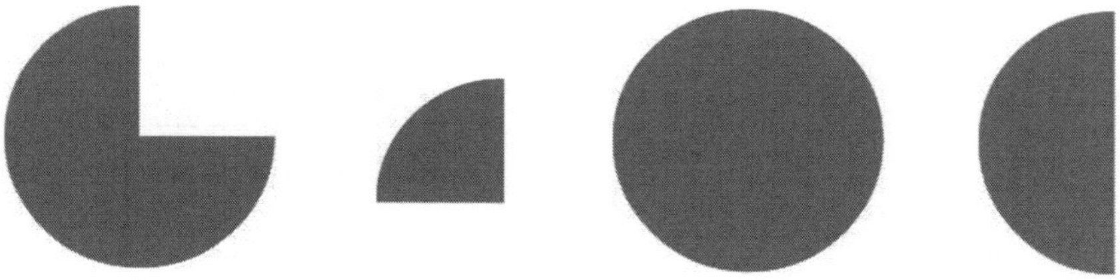

Keine der Figuren ist richtig.

A B C D E

106. Welche Figur lässt sich aus den folgenden Einzelteilen zusammensetzen?

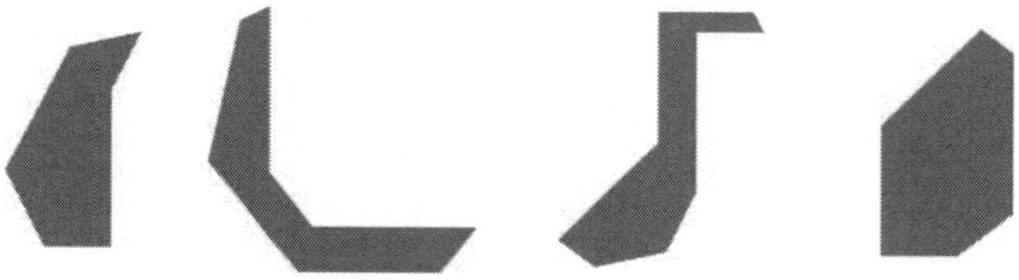

Keine der Figuren ist richtig.

A B C D E

107. Welche Figur lässt sich aus den folgenden Einzelteilen zusammensetzen?

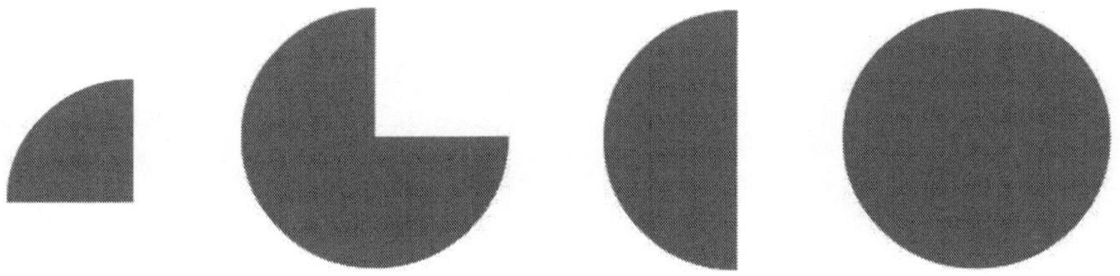

Keine der Figuren ist richtig.

A B C D E

108. Welche Figur lässt sich aus den folgenden Einzelteilen zusammensetzen?

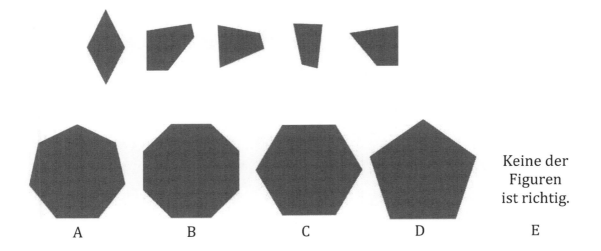

Keine der Figuren ist richtig.

A B C D E

109. Welche Figur lässt sich aus den folgenden Einzelteilen zusammensetzen?

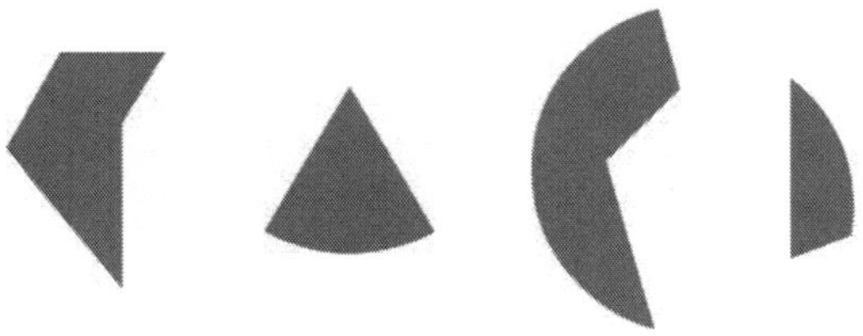

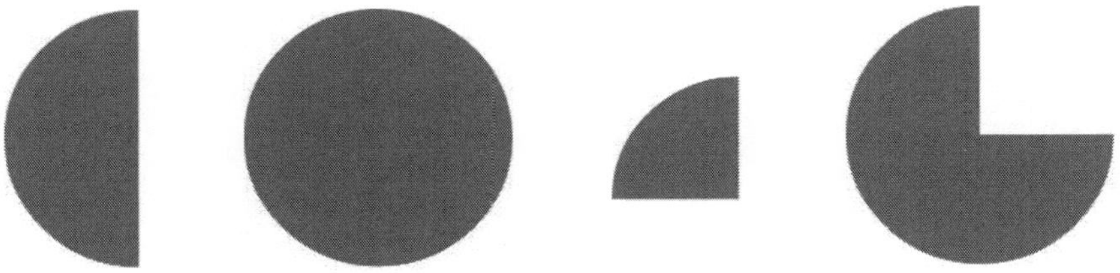

Keine der Figuren ist richtig.

A B C D E

110. Welche Figur lässt sich aus den folgenden Einzelteilen zusammensetzen?

Keine der Figuren ist richtig.

A B C D E

111. Welche Figur lässt sich aus den folgenden Einzelteilen zusammensetzen?

Keine der Figuren ist richtig.

A B C D E

112. Welche Figur lässt sich aus den folgenden Einzelteilen zusammensetzen?

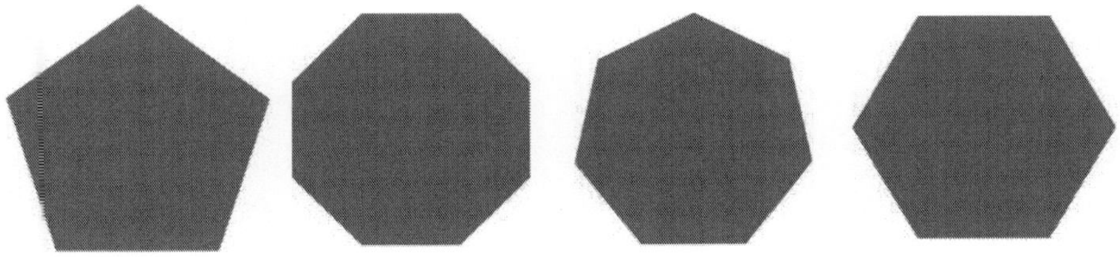

Keine der Figuren ist richtig.

A B C D E

113. Welche Figur lässt sich aus den folgenden Einzelteilen zusammensetzen?

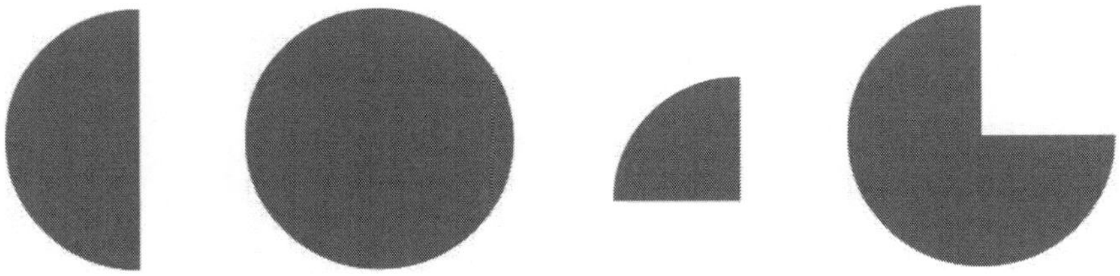

A B C D E (Keine der Figuren ist richtig.)

114. Welche Figur lässt sich aus den folgenden Einzelteilen zusammensetzen?

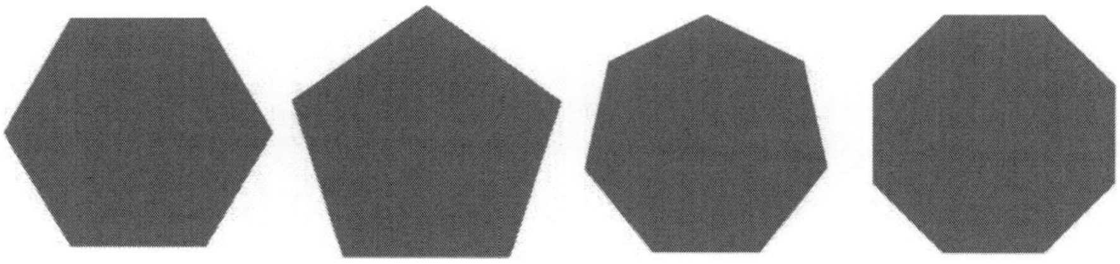

A B C D E (Keine der Figuren ist richtig.)

115. Welche Figur lässt sich aus den folgenden Einzelteilen zusammensetzen?

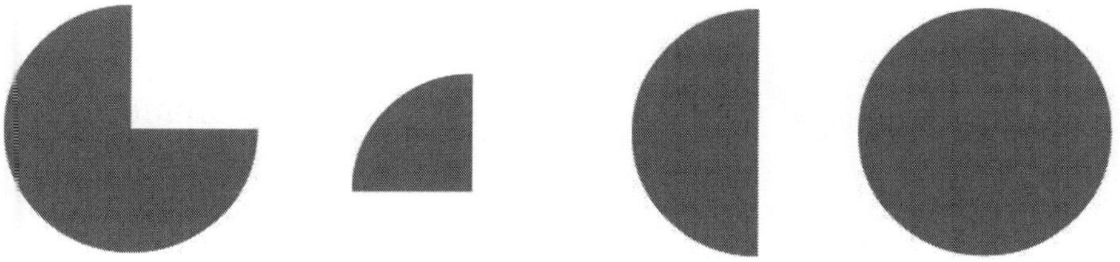

Keine der Figuren ist richtig.

A B C D E

116. Welche Figur lässt sich aus den folgenden Einzelteilen zusammensetzen?

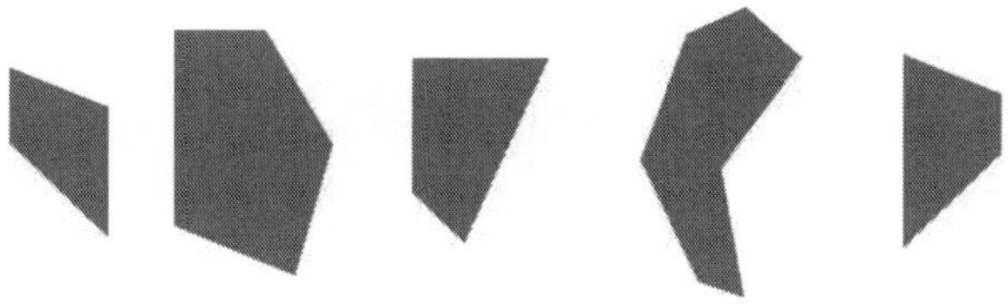

Keine der Figuren ist richtig.

A B C D E

117. Welche Figur lässt sich aus den folgenden Einzelteilen zusammensetzen?

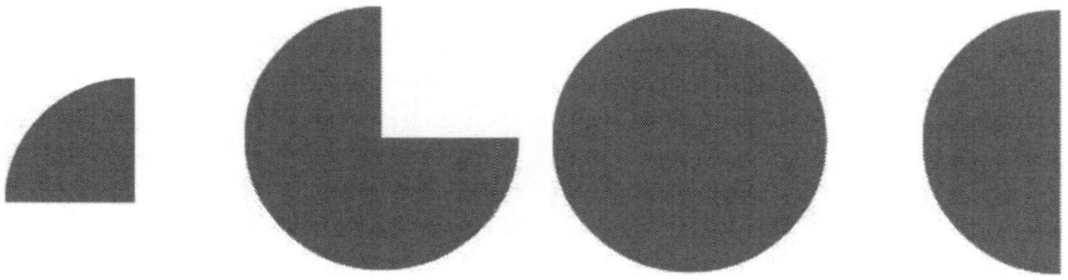

Keine der Figuren ist richtig.

A B C D E

118. Welche Figur lässt sich aus den folgenden Einzelteilen zusammensetzen?

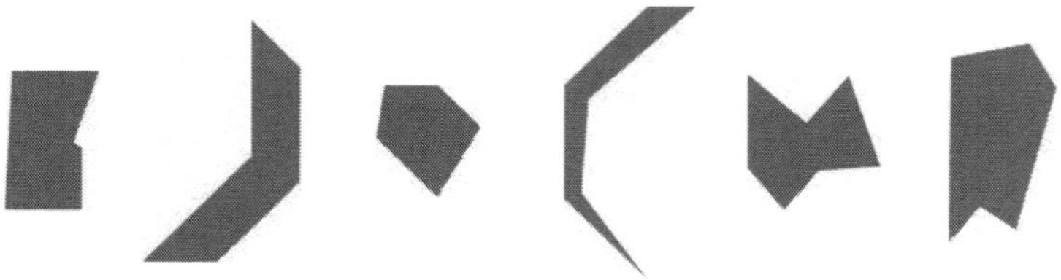

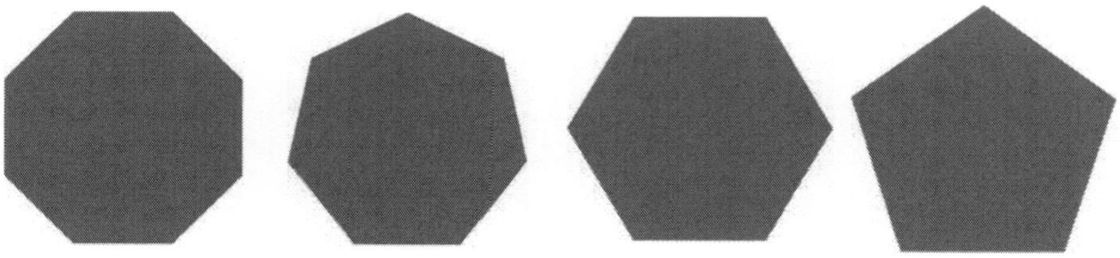

Keine der Figuren ist richtig.

A B C D E

119. Welche Figur lässt sich aus den folgenden Einzelteilen zusammensetzen?

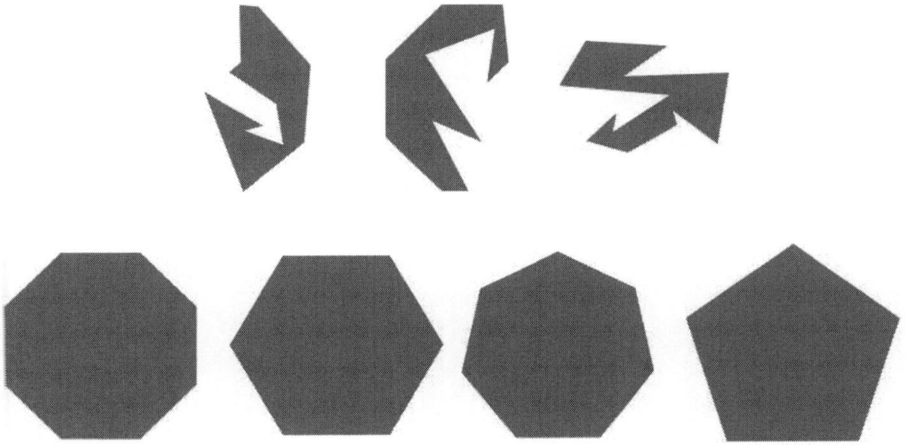

Keine der Figuren ist richtig.

A B C D E

120. Welche Figur lässt sich aus den folgenden Einzelteilen zusammensetzen?

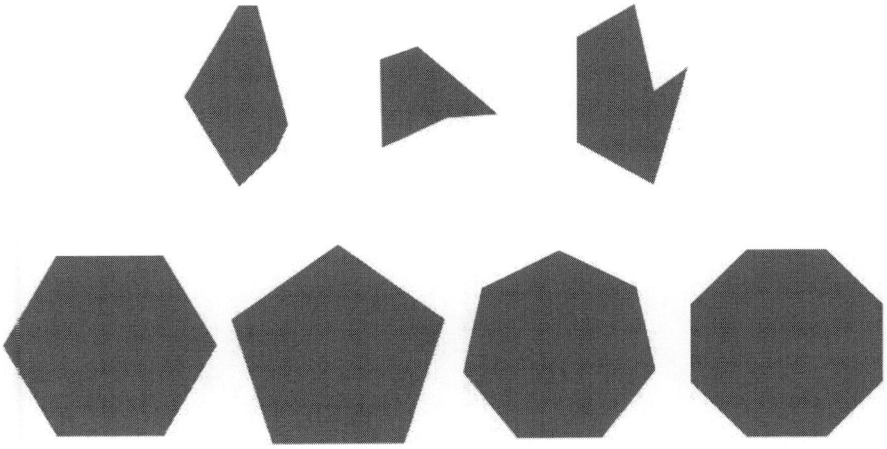

Keine der Figuren ist richtig.

A B C D E

Figuren Zusammensetzen Testset 7

121. Welche Figur lässt sich aus den folgenden Einzelteilen zusammensetzen?

Keine der Figuren ist richtig.

A B C D E

122. Welche Figur lässt sich aus den folgenden Einzelteilen zusammensetzen?

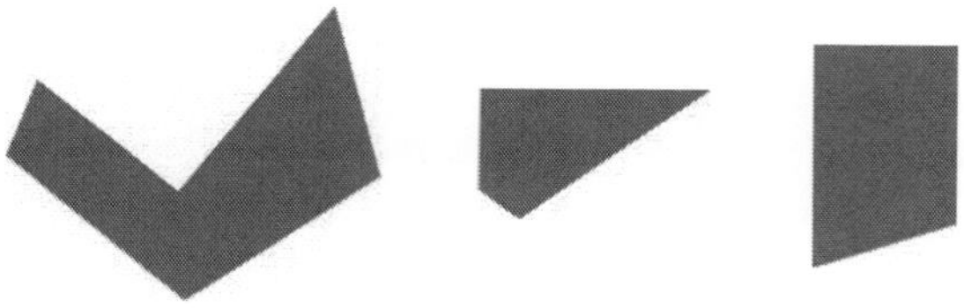

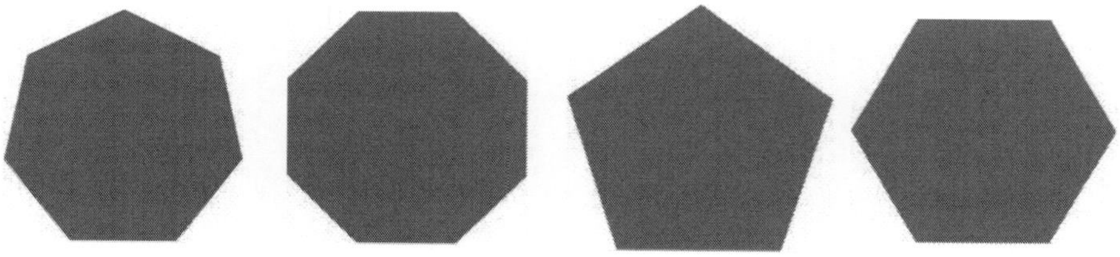

Keine der Figuren ist richtig.

A B C D E

123. Welche Figur lässt sich aus den folgenden Einzelteilen zusammensetzen?

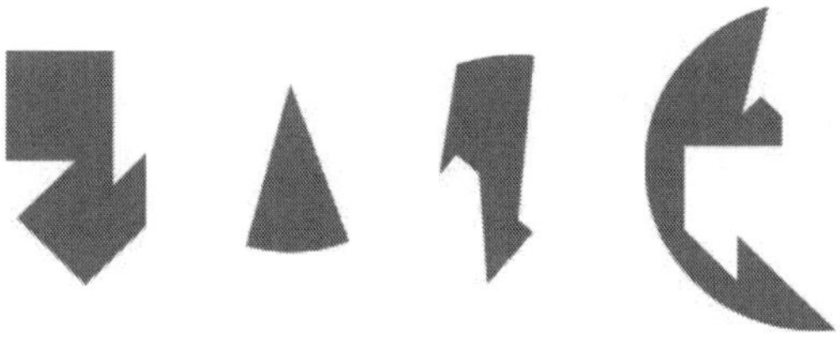

Keine der Figuren ist richtig.

A B C D E

124. Welche Figur lässt sich aus den folgenden Einzelteilen zusammensetzen?

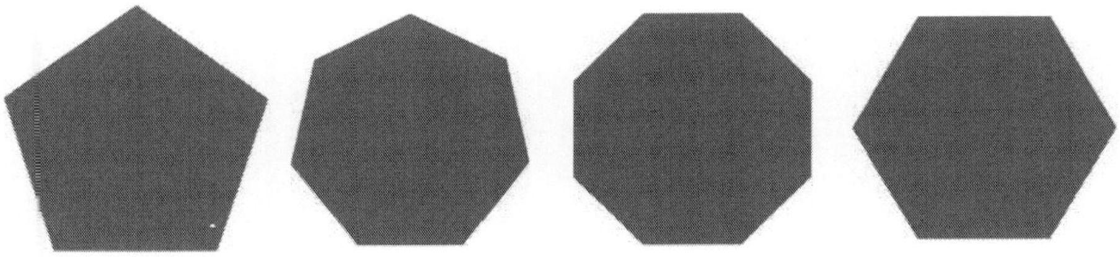

Keine der Figuren ist richtig.

A B C D E

125. Welche Figur lässt sich aus den folgenden Einzelteilen zusammensetzen?

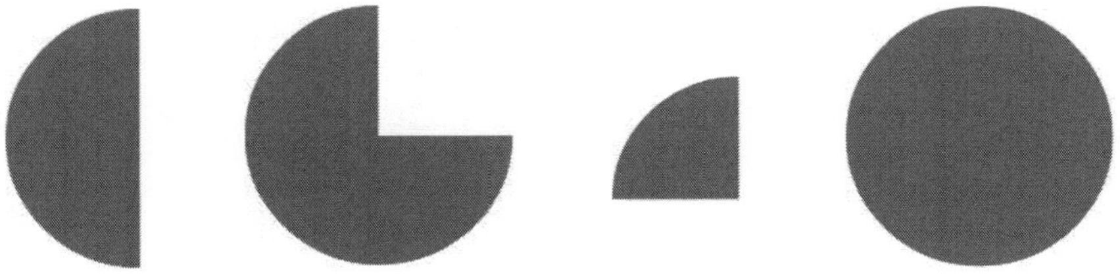

A B C D E: Keine der Figuren ist richtig.

126. Welche Figur lässt sich aus den folgenden Einzelteilen zusammensetzen?

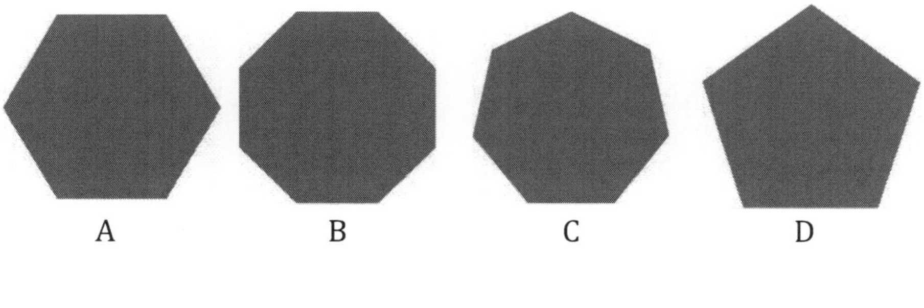

A B C D E: Keine der Figuren ist richtig.

127. Welche Figur lässt sich aus den folgenden Einzelteilen zusammensetzen?

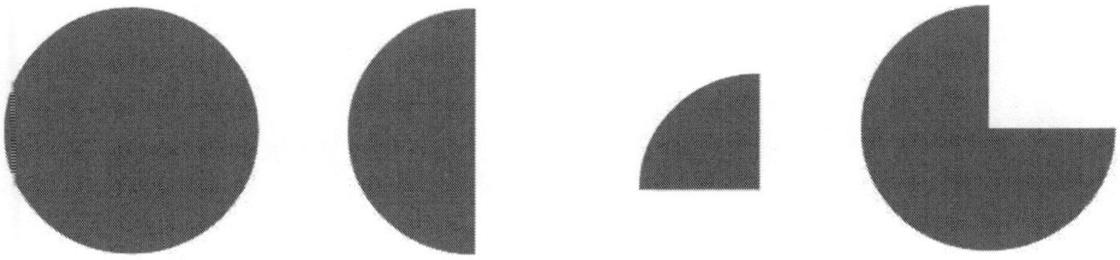

Keine der Figuren ist richtig.

A B C D E

128. Welche Figur lässt sich aus den folgenden Einzelteilen zusammensetzen?

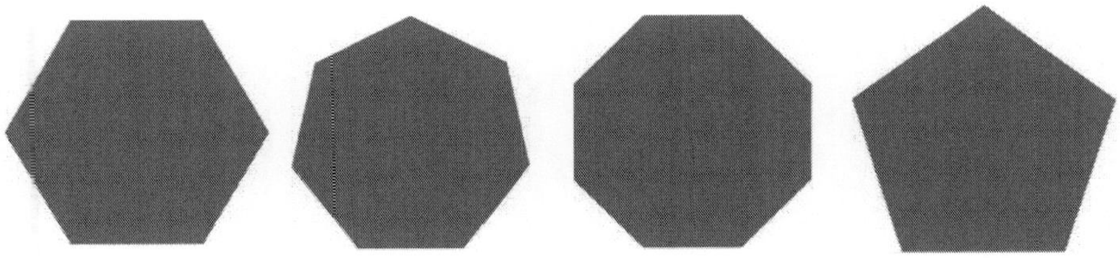

Keine der Figuren ist richtig.

A B C D E

129. Welche Figur lässt sich aus den folgenden Einzelteilen zusammensetzen?

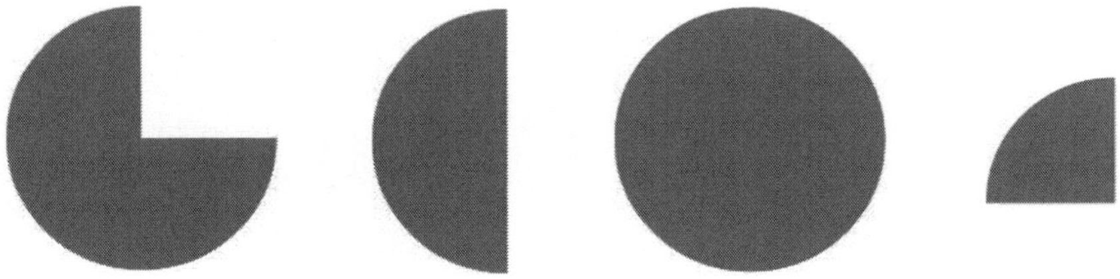

Keine der Figuren ist richtig.

A B C D E

130. Welche Figur lässt sich aus den folgenden Einzelteilen zusammensetzen?

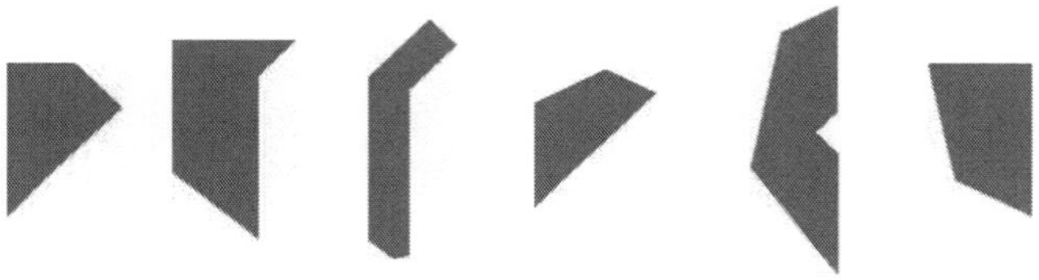

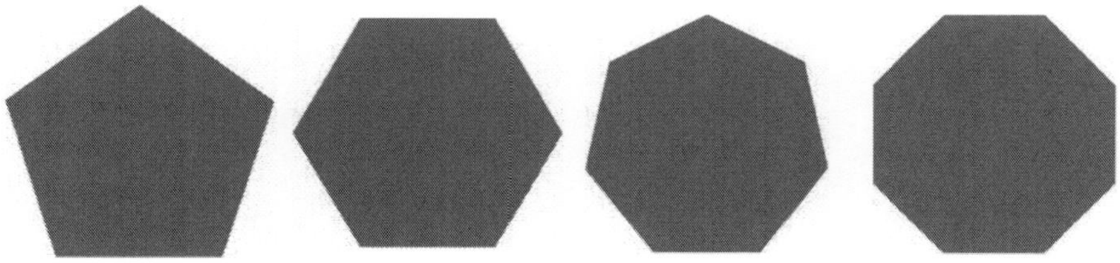

Keine der Figuren ist richtig.

A B C D E

131. Welche Figur lässt sich aus den folgenden Einzelteilen zusammensetzen?

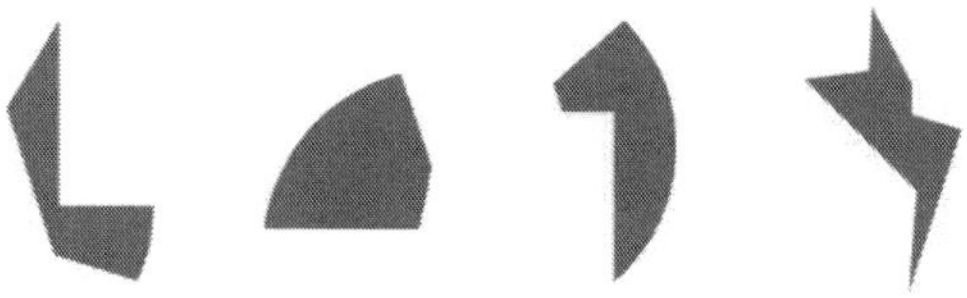

Keine der Figuren ist richtig.

A B C D E

132. Welche Figur lässt sich aus den folgenden Einzelteilen zusammensetzen?

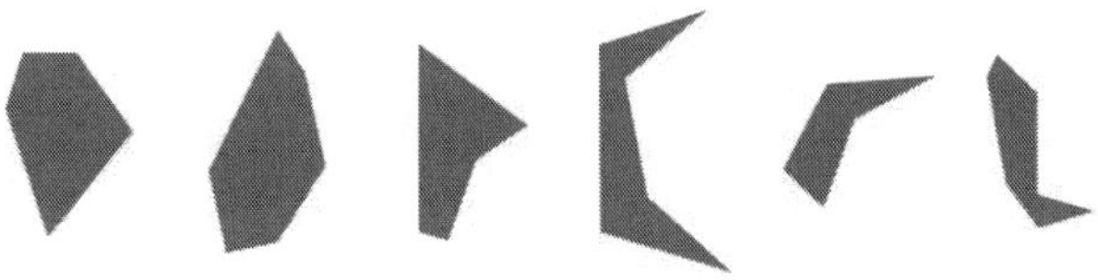

Keine der Figuren ist richtig.

A B C D E

133. Welche Figur lässt sich aus den folgenden Einzelteilen zusammensetzen?

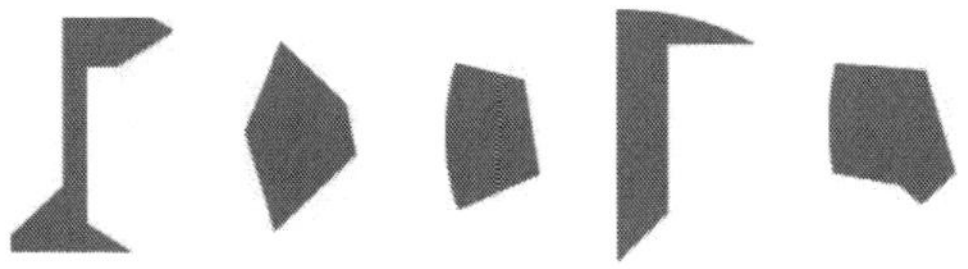

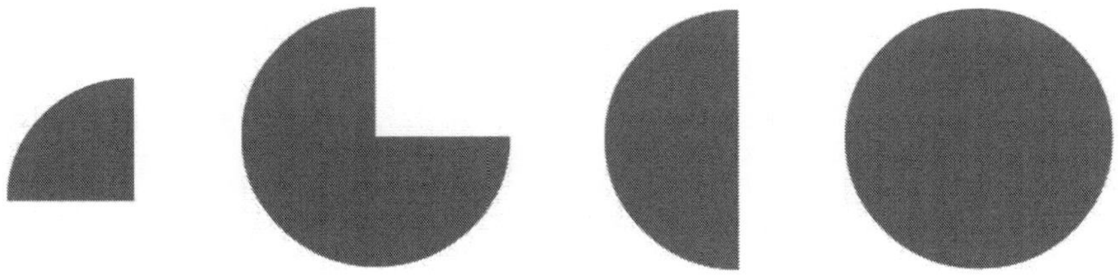

Keine der Figuren ist richtig.

A B C D E

134. Welche Figur lässt sich aus den folgenden Einzelteilen zusammensetzen?

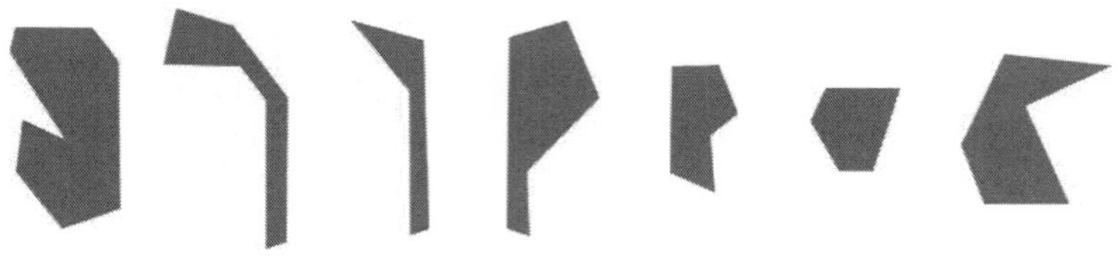

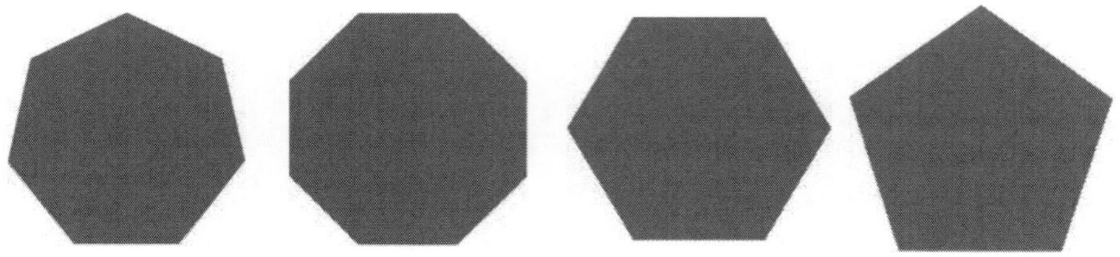

Keine der Figuren ist richtig.

A B C D E

135. Welche Figur lässt sich aus den folgenden Einzelteilen zusammensetzen?

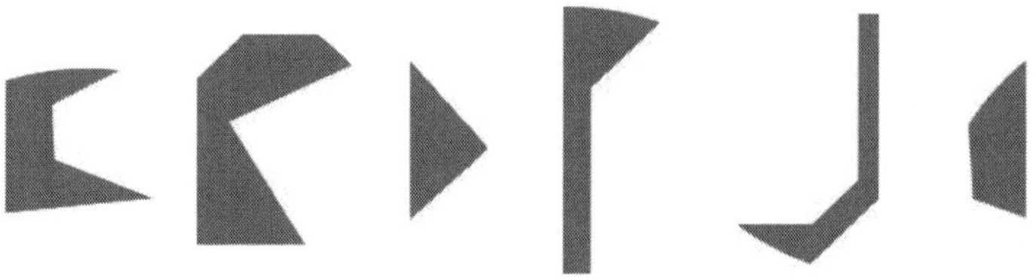

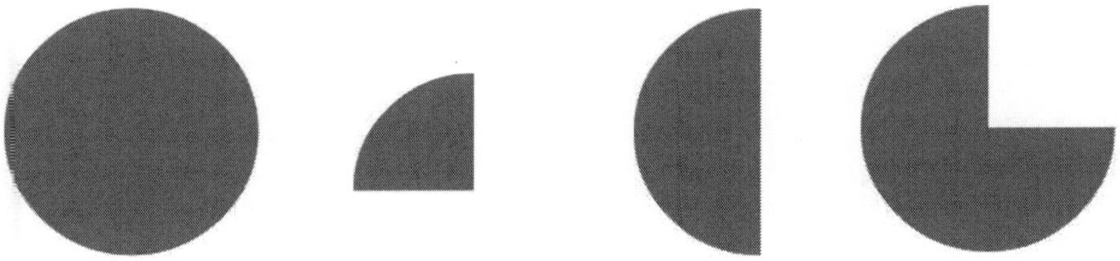

Keine der Figuren ist richtig.

A B C D E

136. Welche Figur lässt sich aus den folgenden Einzelteilen zusammensetzen?

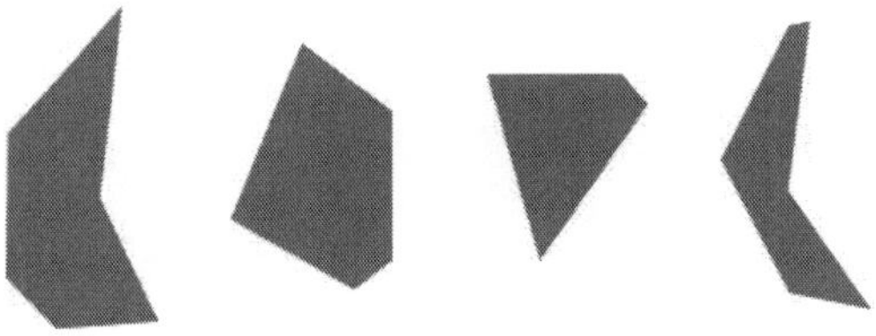

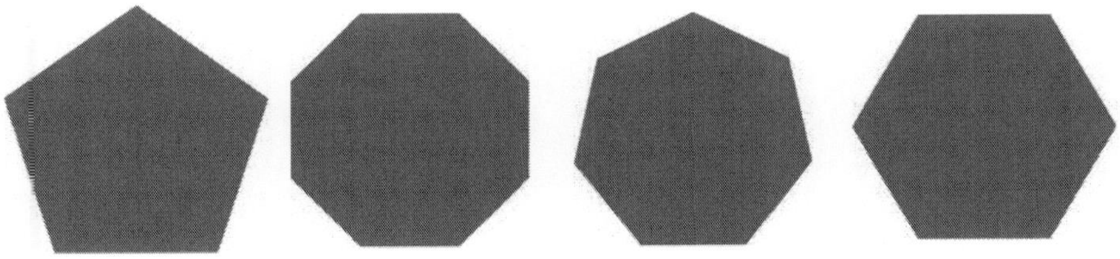

Keine der Figuren ist richtig.

A B C D E

137. Welche Figur lässt sich aus den folgenden Einzelteilen zusammensetzen?

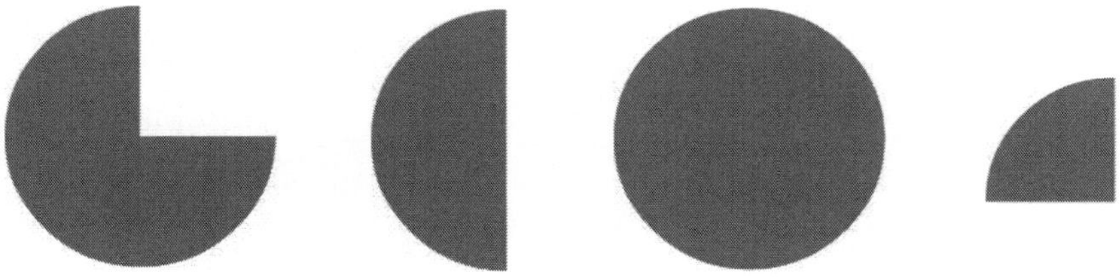

Keine der Figuren ist richtig.

A B C D E

138. Welche Figur lässt sich aus den folgenden Einzelteilen zusammensetzen?

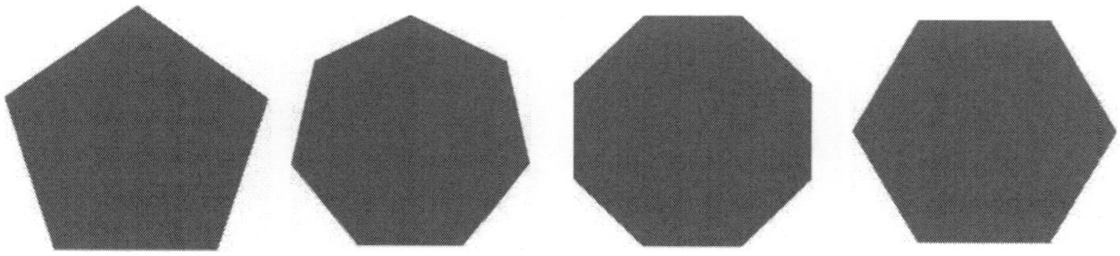

Keine der Figuren ist richtig.

A B C D E

139. Welche Figur lässt sich aus den folgenden Einzelteilen zusammensetzen?

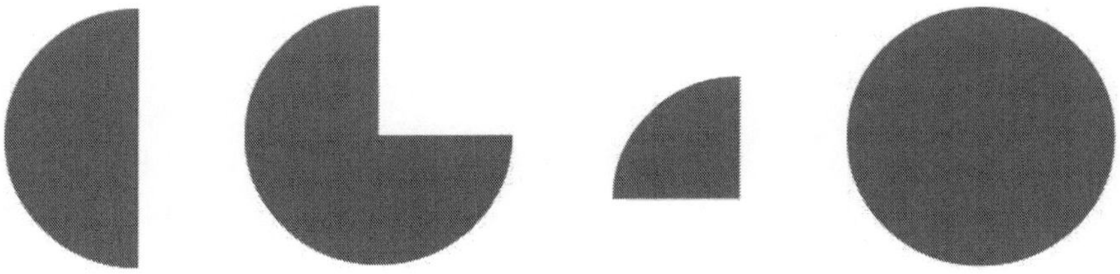

A B C D

Keine der Figuren ist richtig.

E

140. Welche Figur lässt sich aus den folgenden Einzelteilen zusammensetzen?

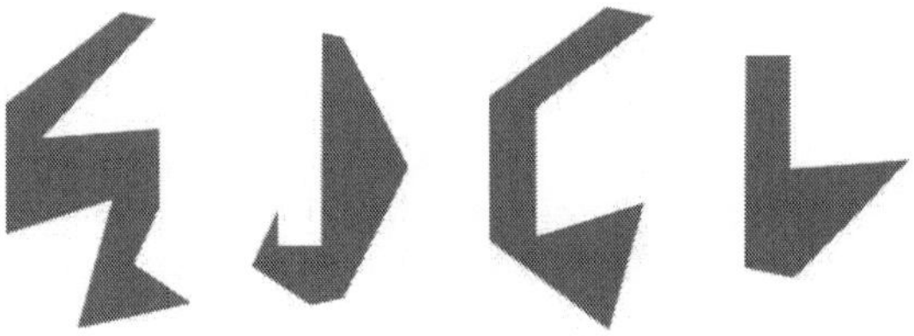

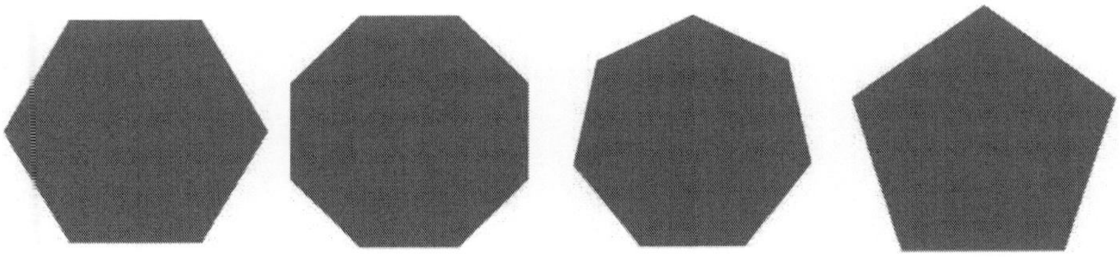

A B C D

Keine der Figuren ist richtig.

E

Figuren Zusammensetzen Testset 8

141. Welche Figur lässt sich aus den folgenden Einzelteilen zusammensetzen?

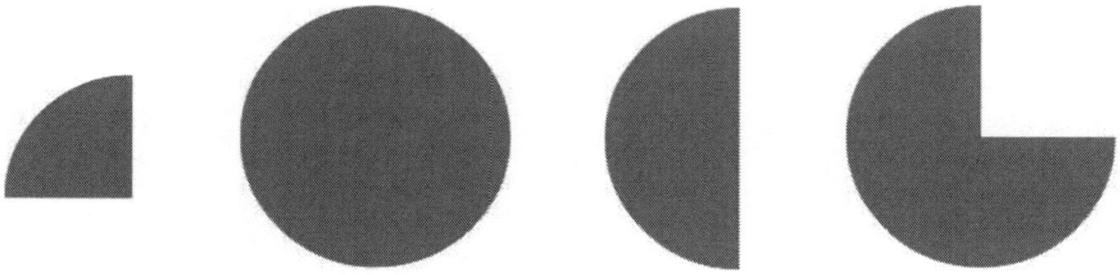

Keine der Figuren ist richtig.

A B C D E

142. Welche Figur lässt sich aus den folgenden Einzelteilen zusammensetzen?

Keine der Figuren ist richtig.

A B C D E

143. Welche Figur lässt sich aus den folgenden Einzelteilen zusammensetzen?

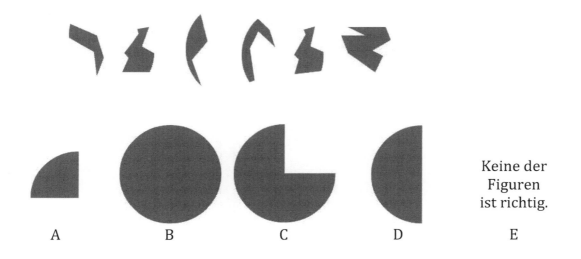

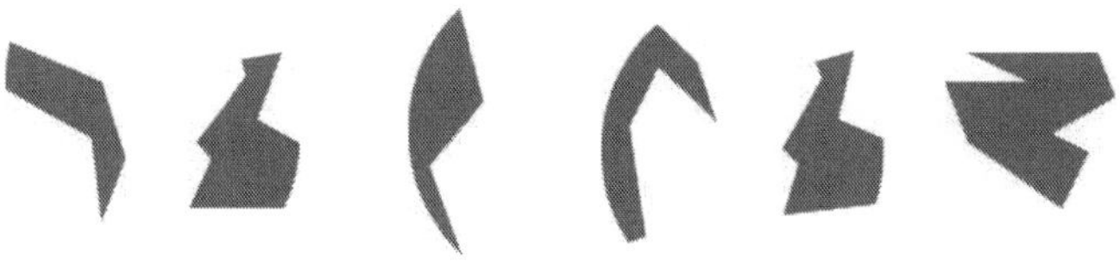

A

B

C

D

Keine der Figuren ist richtig.

E

144. Welche Figur lässt sich aus den folgenden Einzelteilen zusammensetzen?

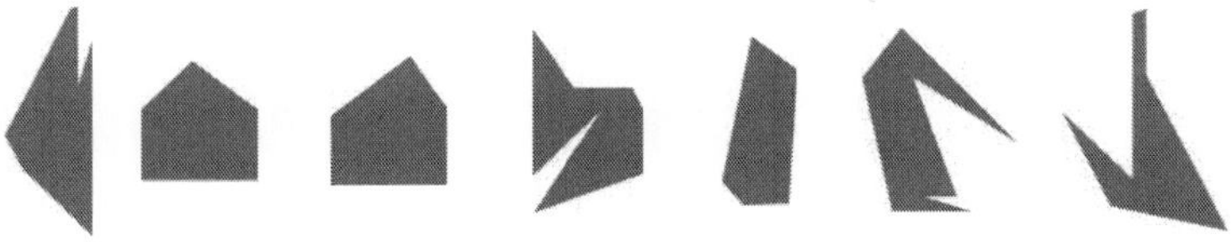

A

B

C

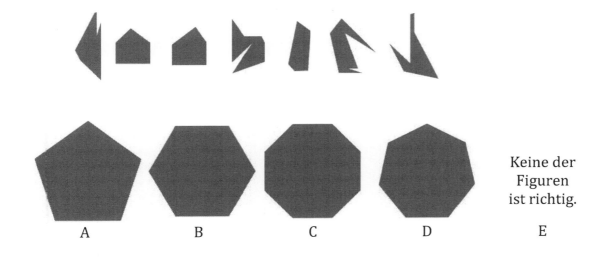

D

Keine der Figuren ist richtig.

E

145. Welche Figur lässt sich aus den folgenden Einzelteilen zusammensetzen?

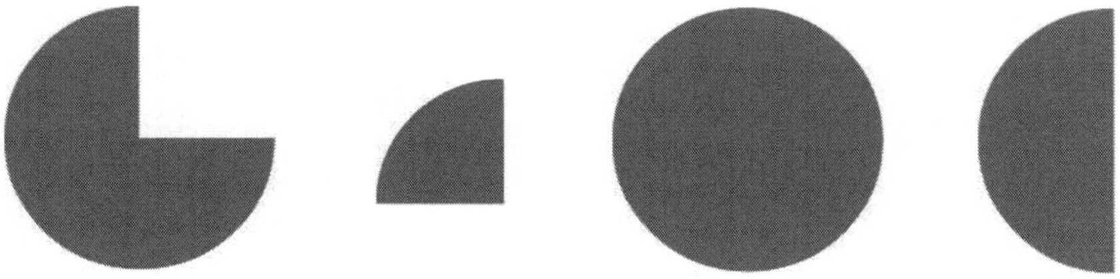

Keine der Figuren ist richtig.

A B C D E

146. Welche Figur lässt sich aus den folgenden Einzelteilen zusammensetzen?

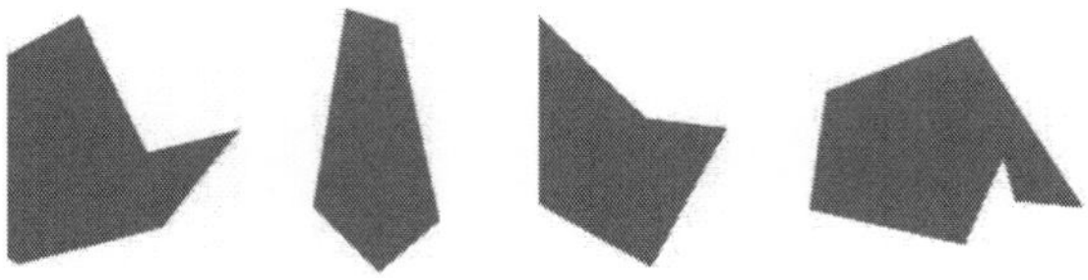

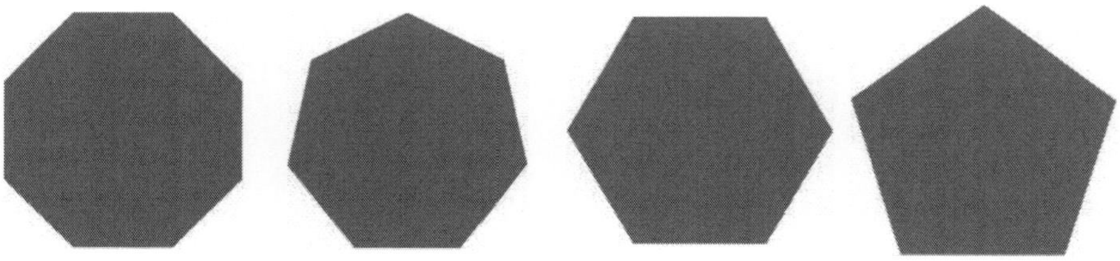

Keine der Figuren ist richtig.

A B C D E

147. Welche Figur lässt sich aus den folgenden Einzelteilen zusammensetzen?

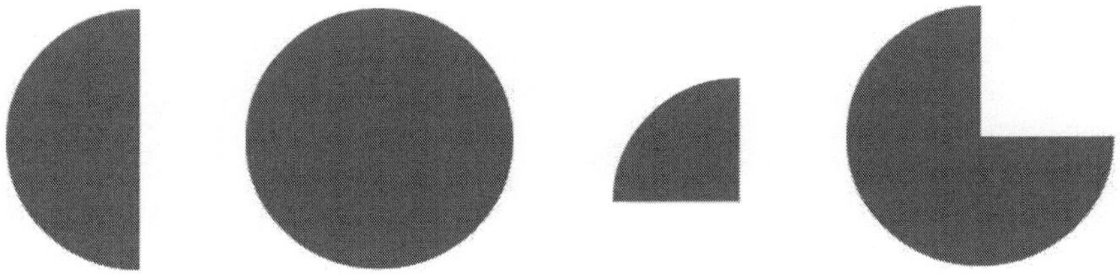

Keine der Figuren ist richtig.

A B C D E

148. Welche Figur lässt sich aus den folgenden Einzelteilen zusammensetzen?

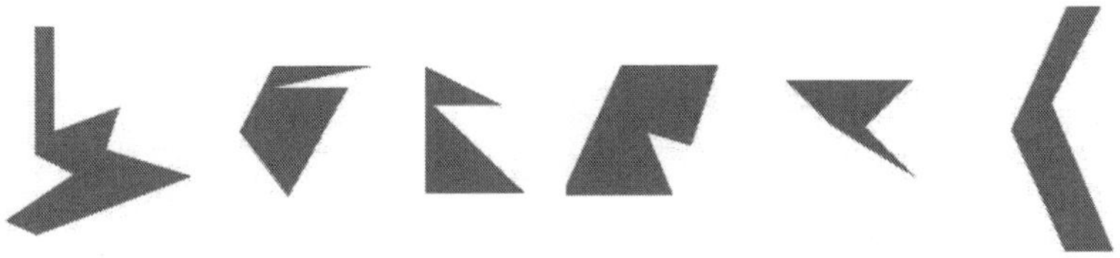

Keine der Figuren ist richtig.

A B C D E

149. Welche Figur lässt sich aus den folgenden Einzelteilen zusammensetzen?

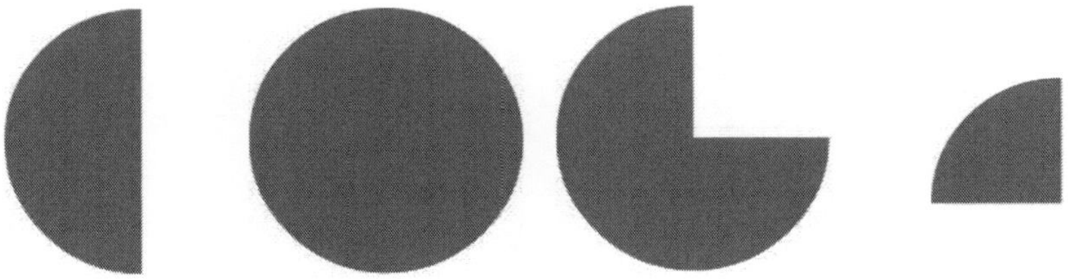

Keine der Figuren ist richtig.

A B C D E

150. Welche Figur lässt sich aus den folgenden Einzelteilen zusammensetzen?

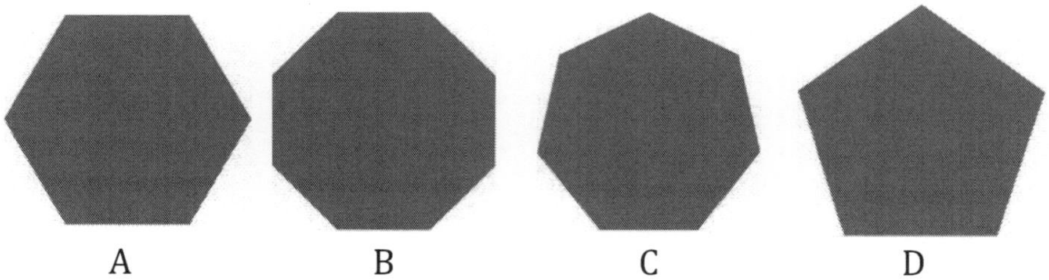

Keine der Figuren ist richtig.

A B C D E

151. Welche Figur lässt sich aus den folgenden Einzelteilen zusammensetzen?

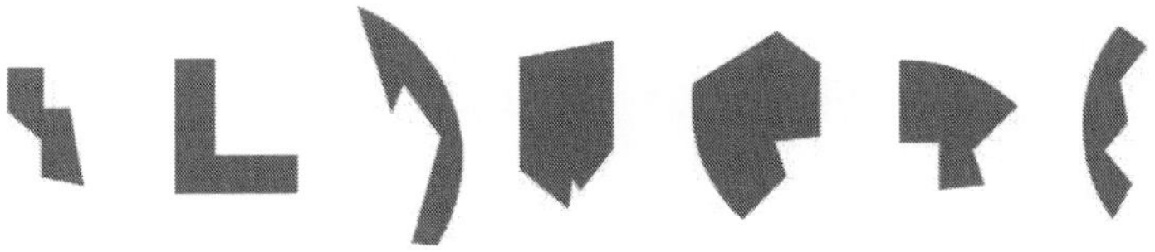

Keine der Figuren ist richtig.

A B C D E

152. Welche Figur lässt sich aus den folgenden Einzelteilen zusammensetzen?

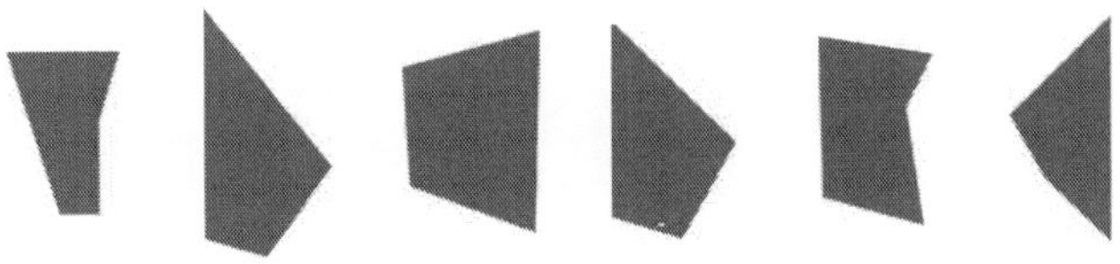

Keine der Figuren ist richtig.

A B C D E

153. Welche Figur lässt sich aus den folgenden Einzelteilen zusammensetzen?

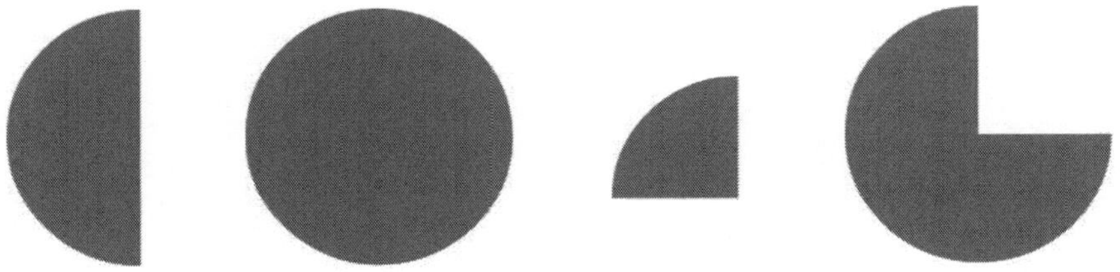

Keine der Figuren ist richtig.

A B C D E

154. Welche Figur lässt sich aus den folgenden Einzelteilen zusammensetzen?

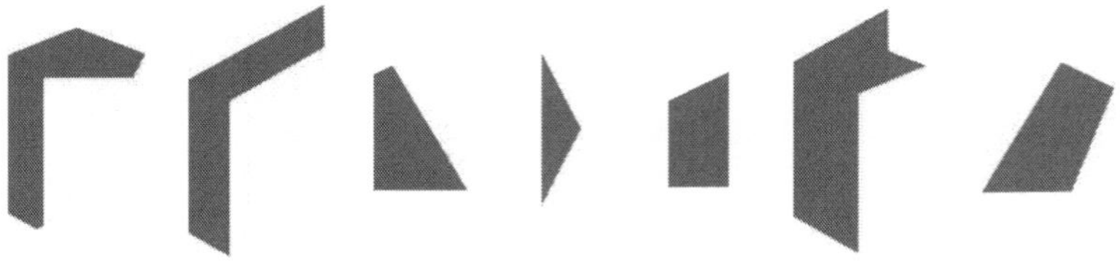

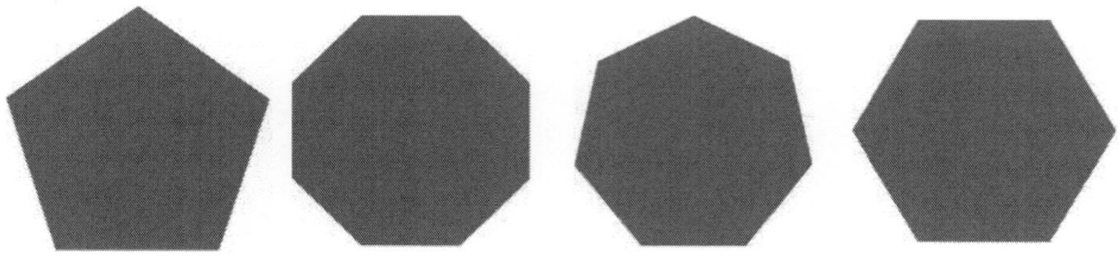

Keine der Figuren ist richtig.

A B C D E

155. Welche Figur lässt sich aus den folgenden Einzelteilen zusammensetzen?

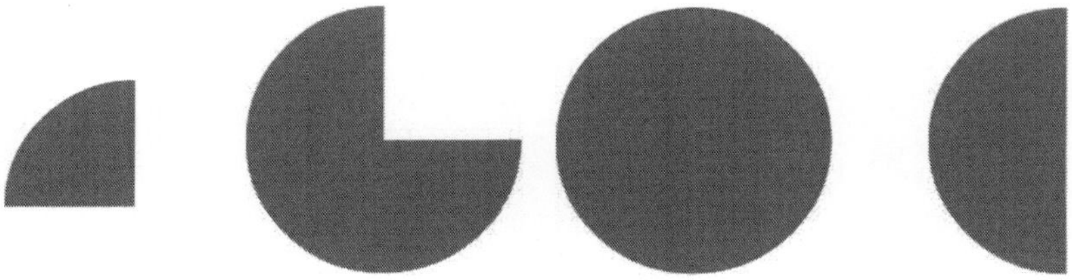

Keine der Figuren ist richtig.

A B C D E

156. Welche Figur lässt sich aus den folgenden Einzelteilen zusammensetzen?

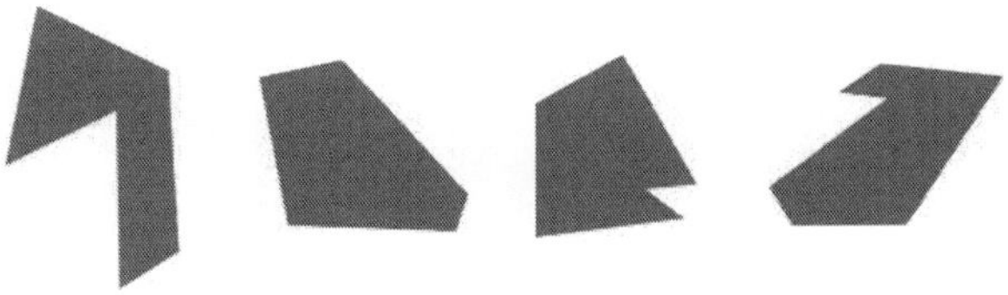

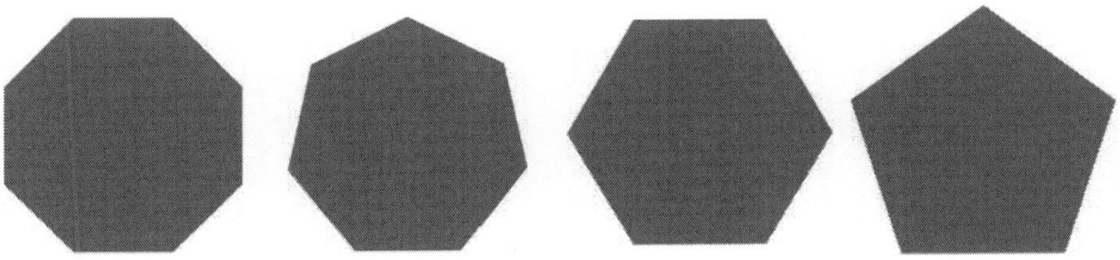

Keine der Figuren ist richtig.

A B C D E

157. Welche Figur lässt sich aus den folgenden Einzelteilen zusammensetzen?

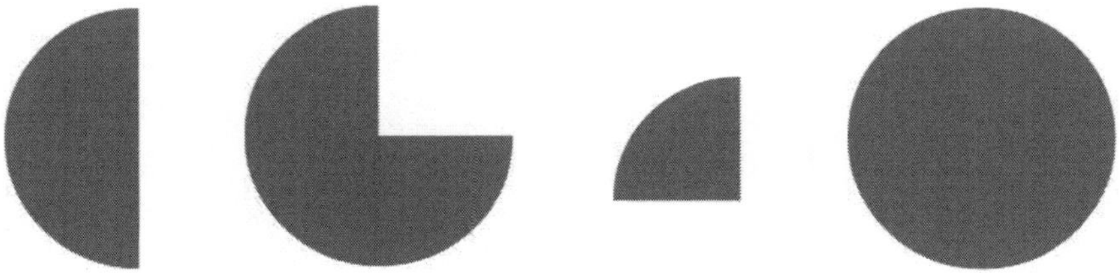

Keine der Figuren ist richtig.

A B C D E

158. Welche Figur lässt sich aus den folgenden Einzelteilen zusammensetzen?

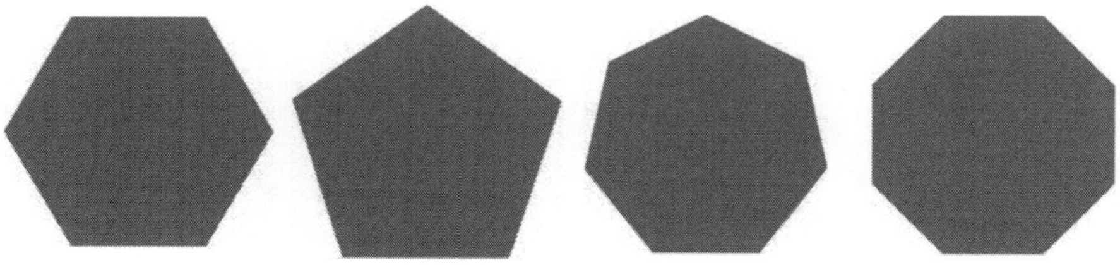

Keine der Figuren ist richtig.

A B C D E

159. Welche Figur lässt sich aus den folgenden Einzelteilen zusammensetzen?

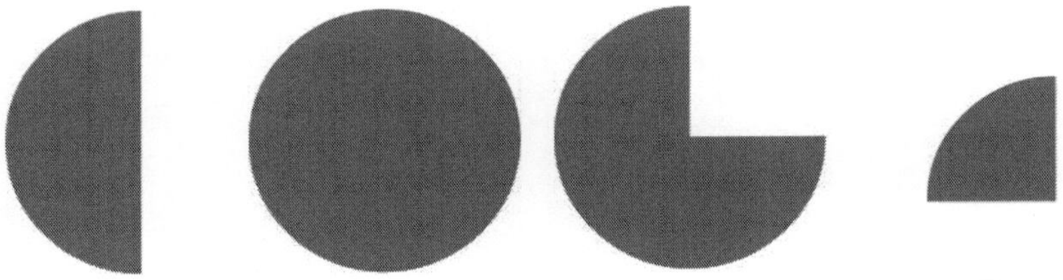

Keine der Figuren ist richtig.

A B C D E

160. Welche Figur lässt sich aus den folgenden Einzelteilen zusammensetzen?

Keine der Figuren ist richtig.

A B C D E

Figuren Zusammensetzen Testset 9

161. Welche Figur lässt sich aus den folgenden Einzelteilen zusammensetzen?

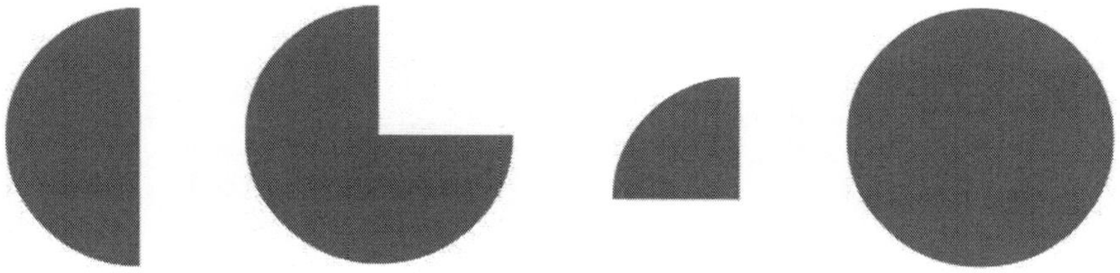

Keine der Figuren ist richtig.

A B C D E

162. Welche Figur lässt sich aus den folgenden Einzelteilen zusammensetzen?

Keine der Figuren ist richtig.

A B C D E

163. Welche Figur lässt sich aus den folgenden Einzelteilen zusammensetzen?

Keine der Figuren ist richtig.

A B C D E

164. Welche Figur lässt sich aus den folgenden Einzelteilen zusammensetzen?

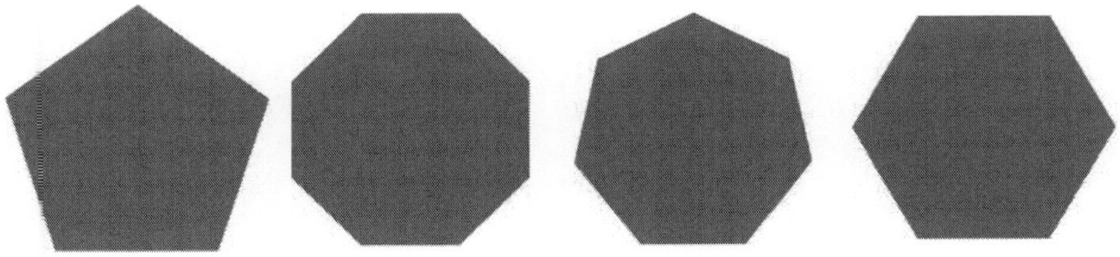

Keine der Figuren ist richtig.

A B C D E

165. Welche Figur lässt sich aus den folgenden Einzelteilen zusammensetzen?

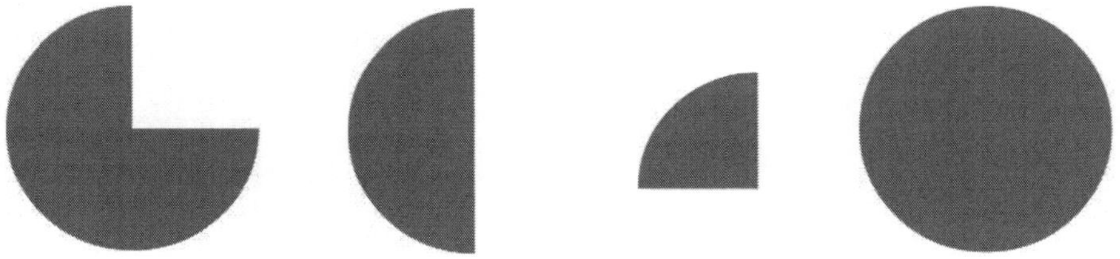

A B C D

Keine der Figuren ist richtig.
E

166. Welche Figur lässt sich aus den folgenden Einzelteilen zusammensetzen?

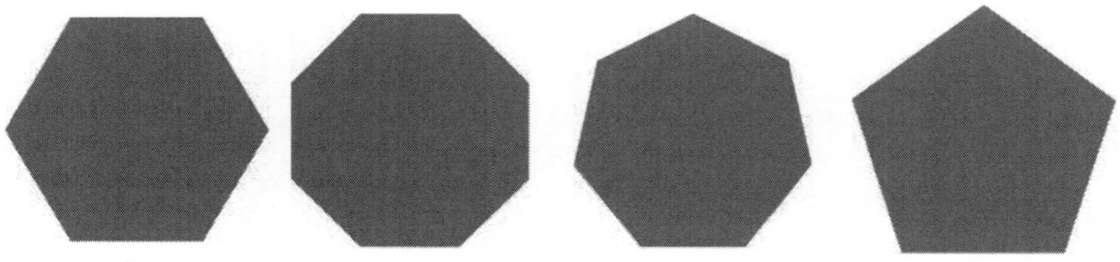

A B C D

Keine der Figuren ist richtig.
E

167. Welche Figur lässt sich aus den folgenden Einzelteilen zusammensetzen?

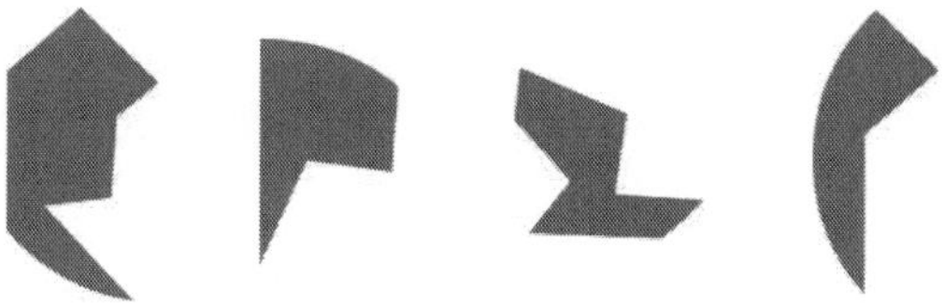

Keine der Figuren ist richtig.

A B C D E

168. Welche Figur lässt sich aus den folgenden Einzelteilen zusammensetzen?

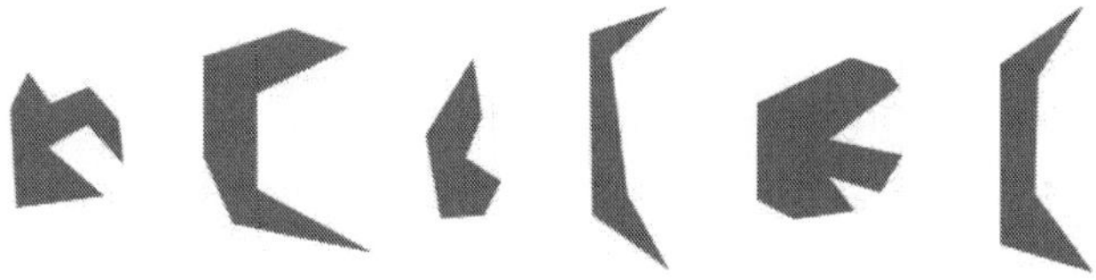

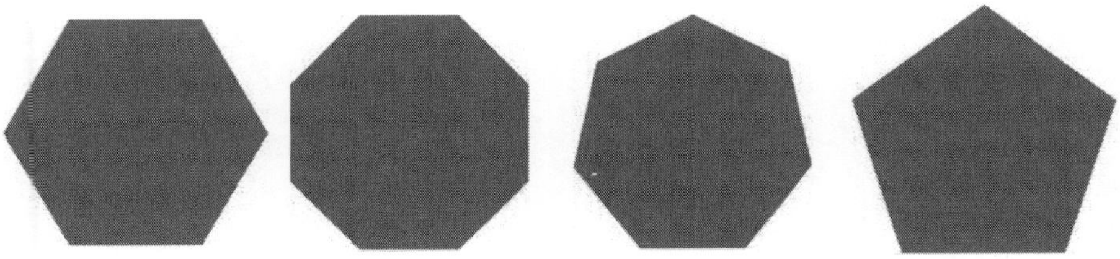

Keine der Figuren ist richtig.

A B C D E

169. Welche Figur lässt sich aus den folgenden Einzelteilen zusammensetzen?

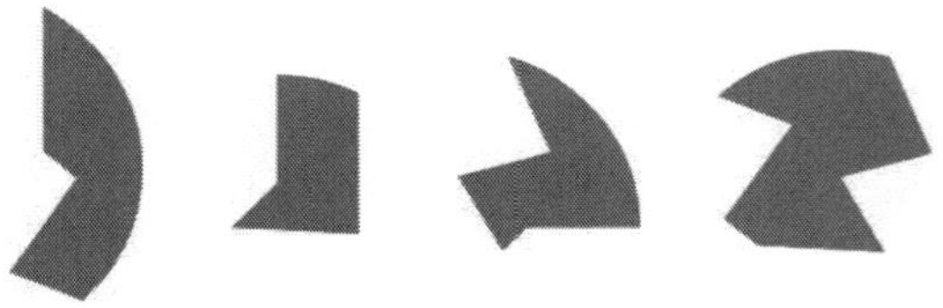

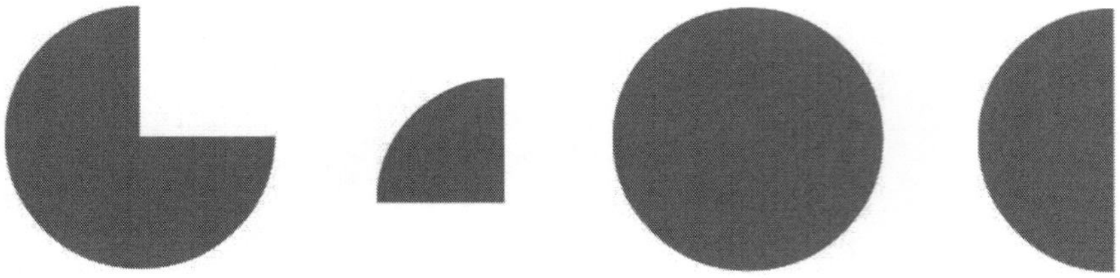

Keine der Figuren ist richtig.

A B C D E

170. Welche Figur lässt sich aus den folgenden Einzelteilen zusammensetzen?

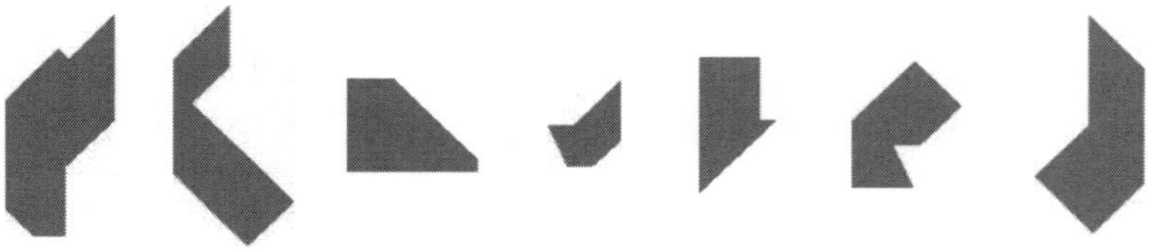

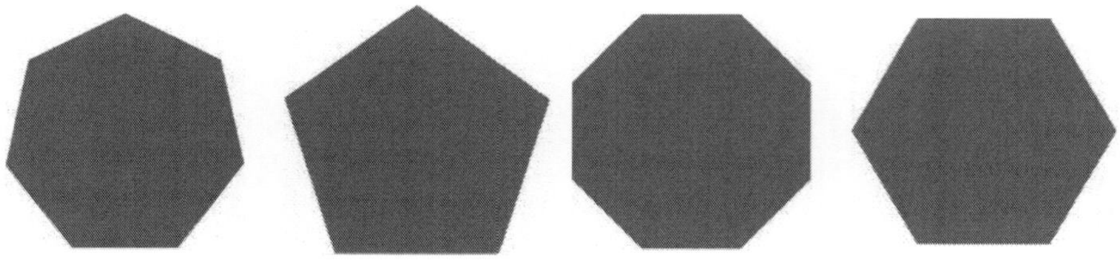

Keine der Figuren ist richtig.

A B C D E

171. Welche Figur lässt sich aus den folgenden Einzelteilen zusammensetzen?

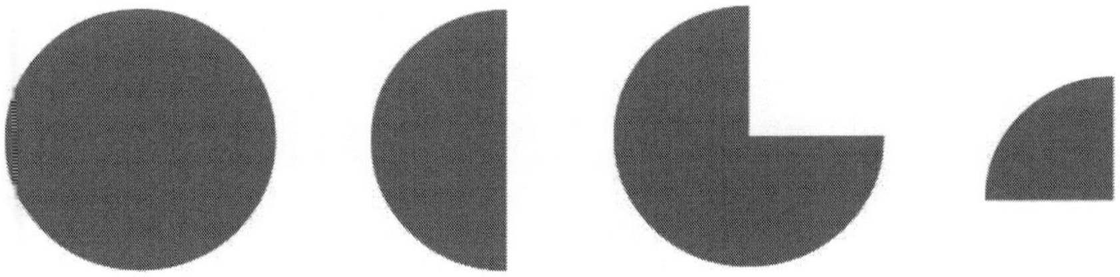

A B C D

E: Keine der Figuren ist richtig.

172. Welche Figur lässt sich aus den folgenden Einzelteilen zusammensetzen?

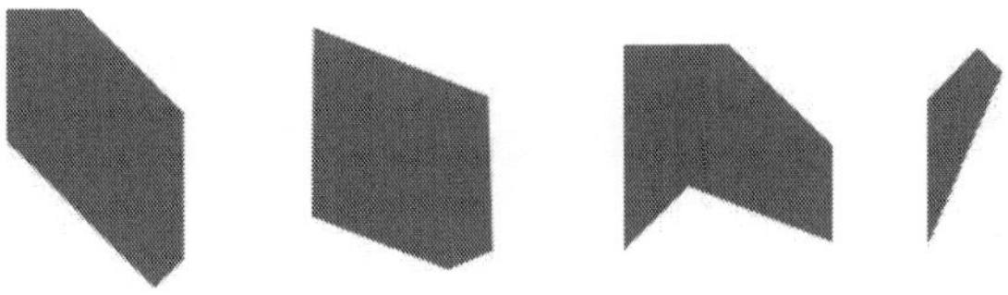

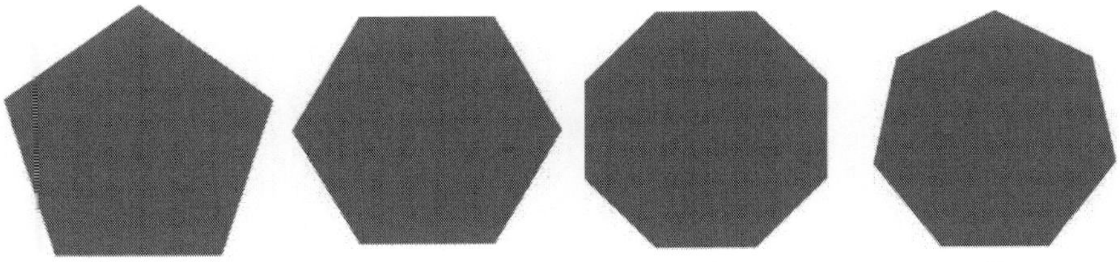

A B C D

E: Keine der Figuren ist richtig.

173. Welche Figur lässt sich aus den folgenden Einzelteilen zusammensetzen?

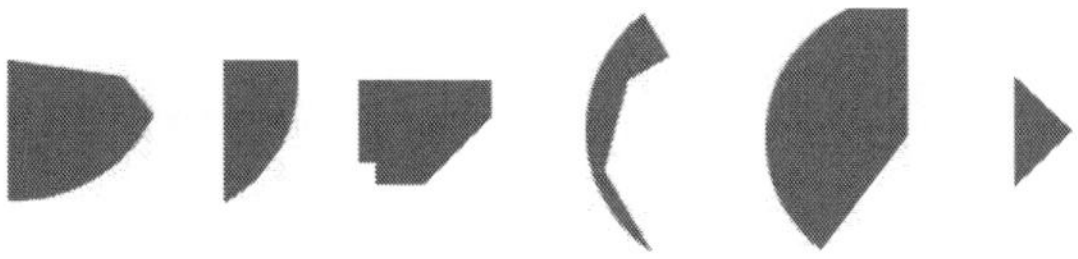

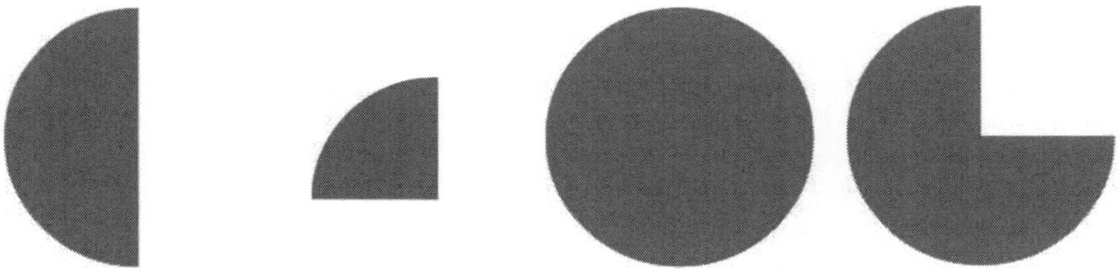

Keine der Figuren ist richtig.

A B C D E

174. Welche Figur lässt sich aus den folgenden Einzelteilen zusammensetzen?

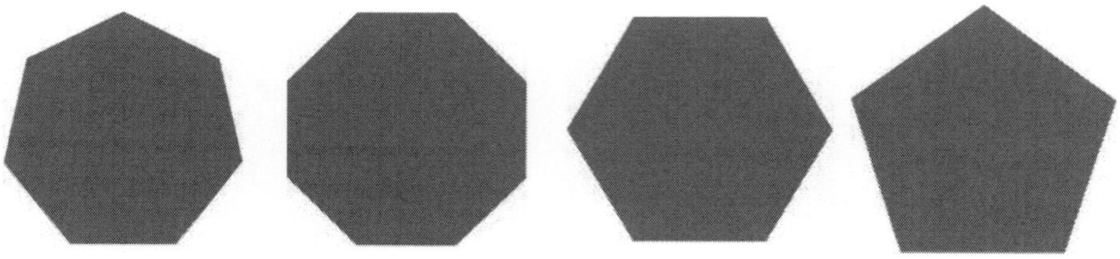

Keine der Figuren ist richtig.

A B C D E

175. Welche Figur lässt sich aus den folgenden Einzelteilen zusammensetzen?

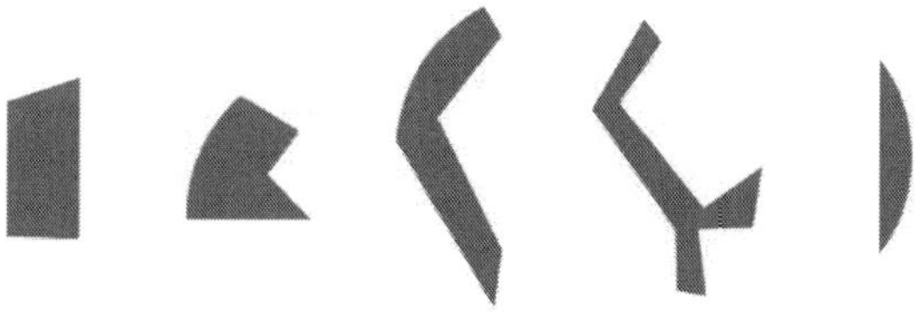

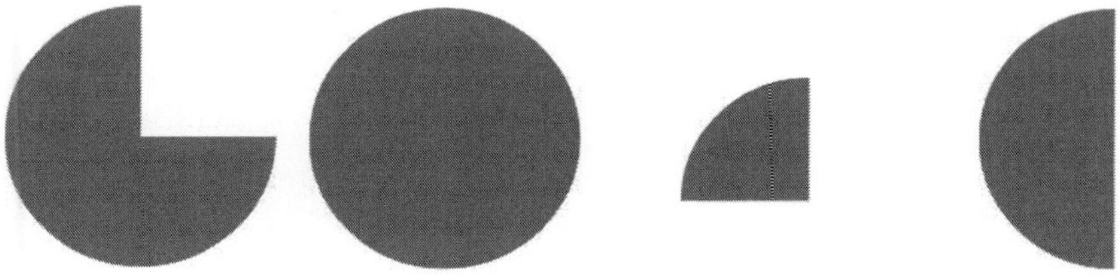

A B C D Keine der Figuren ist richtig. E

176. Welche Figur lässt sich aus den folgenden Einzelteilen zusammensetzen?

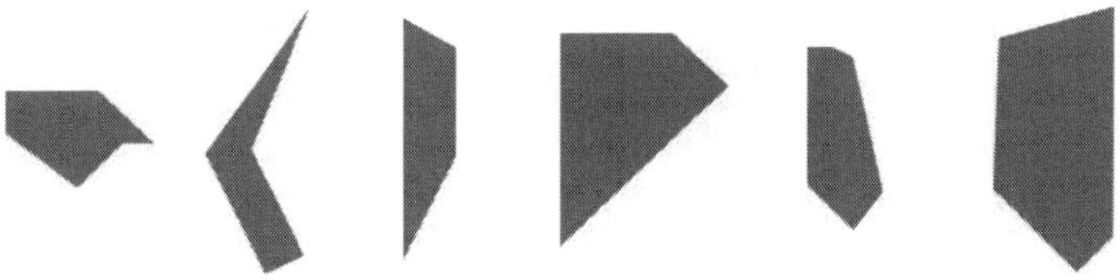

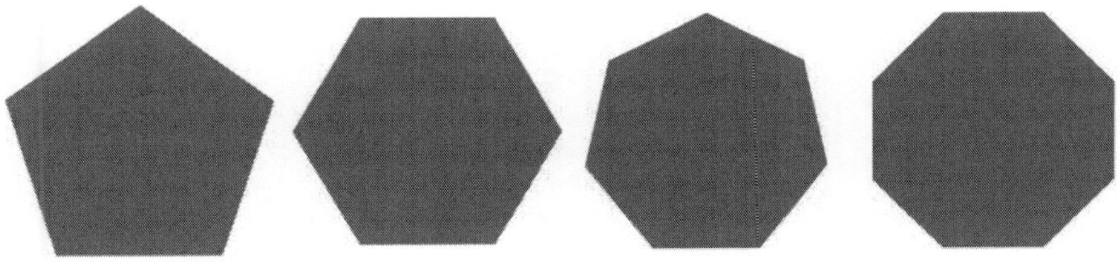

A B C D Keine der Figuren ist richtig. E

177. Welche Figur lässt sich aus den folgenden Einzelteilen zusammensetzen?

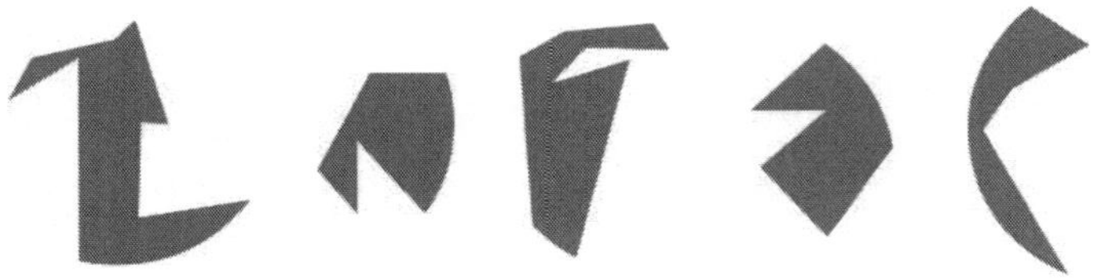

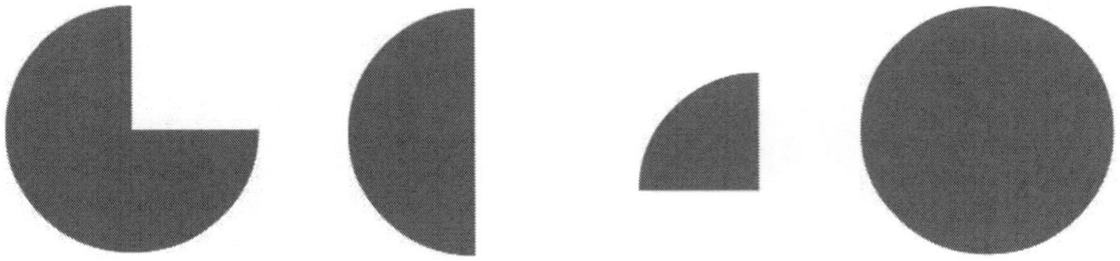

Keine der Figuren ist richtig.

A B C D E

178. Welche Figur lässt sich aus den folgenden Einzelteilen zusammensetzen?

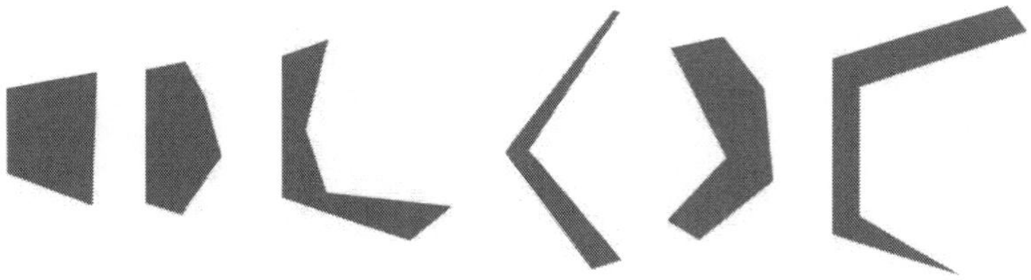

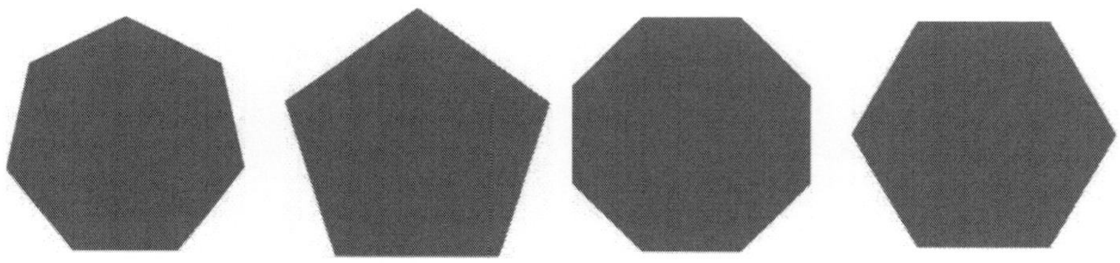

Keine der Figuren ist richtig.

A B C D E

179. Welche Figur lässt sich aus den folgenden Einzelteilen zusammensetzen?

Keine der Figuren ist richtig.

A B C D E

180. Welche Figur lässt sich aus den folgenden Einzelteilen zusammensetzen?

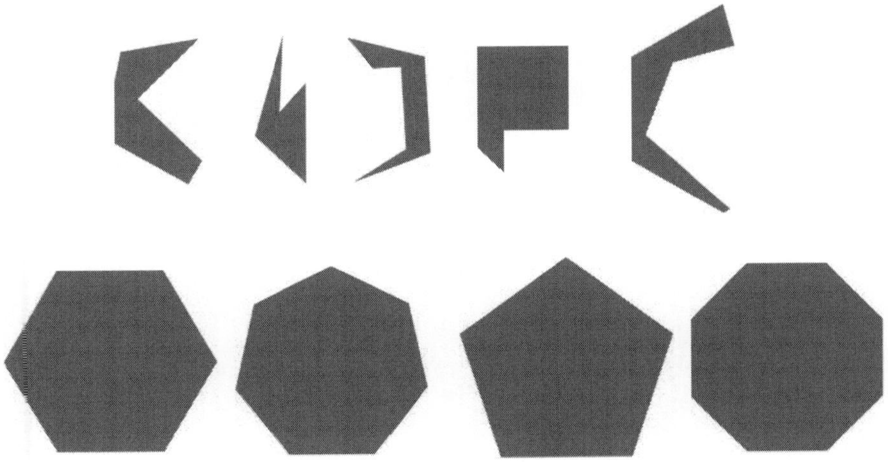

Keine der Figuren ist richtig.

A B C D E

Übungsaufgaben - Details

Die nun folgenden Aufgaben entsprechen in ihren Zielfiguren nicht den bisher veröffentlichten Aufgaben vom MedAT 2013 oder den Aufgaben des VMC (*virtueller medizinischer Campus*) der Uni Graz. Allerdings ist es ratsam, um sich nicht nur auf die bereits bekannten Aufgaben einzustellen auch mit anderen, neuen Aufgabenstellungen zu üben.

Bei den folgenden Aufgaben müssen Sie genau auf Größenverhältnisse achten. Die richtige Lösungsfigur (A-D) muss sich genau aus den Einzelteilen zusammensetzen lassen. Das Spiegeln von Einzelteilen ist hier übungshalber nicht nur nicht „notwendig“ sondern sogar nicht erlaubt. Es kann durchaus sein, dass ansonsten 2 Antworten richtig sind. Es ist in diesem Falle die Figur zu wählen, welche sich ohne zu spiegeln zusammensetzen lässt.

Übungsaufgaben Set 1

181. Welche Figur lässt sich aus den folgenden Einzelteilen zusammensetzen?

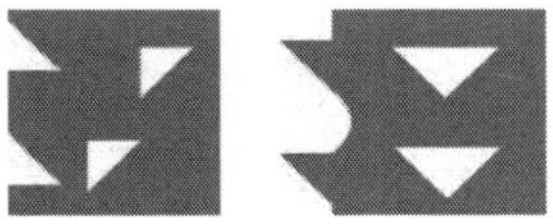

A

B

C

D

Keine der Figuren ist richtig.

E

182. Welche Figur lässt sich aus den folgenden Einzelteilen zusammensetzen?

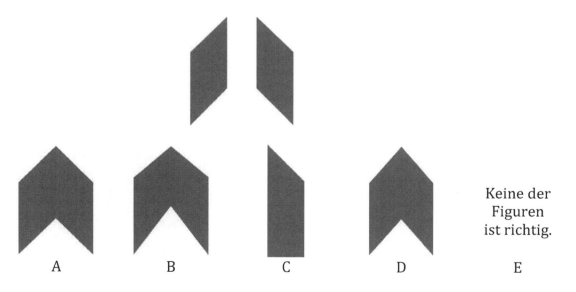

A

B

C

D

Keine der Figuren ist richtig.

E

183. Welche Figur lässt sich aus den folgenden Einzelteilen zusammensetzen?

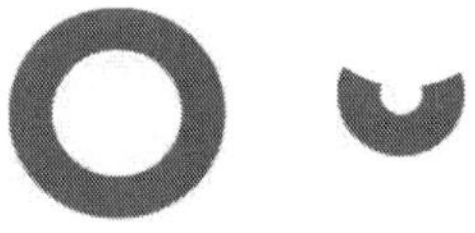

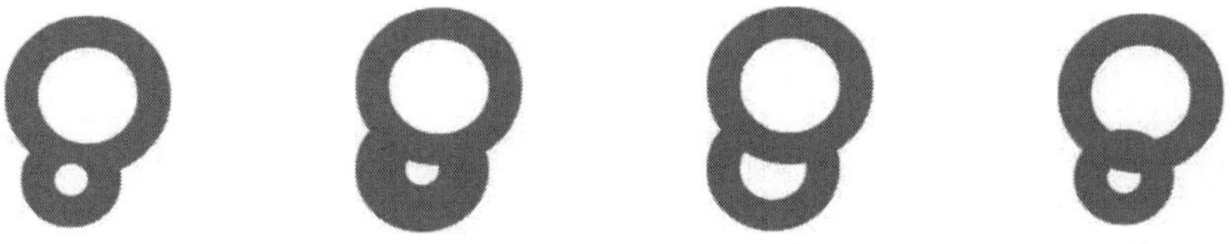

A B C D

Keine der Figuren ist richtig.
E

184. Welche Figur lässt sich aus den folgenden Einzelteilen zusammensetzen?

A B C D

Keine der Figuren ist richtig.
E

185. Welche Figur lässt sich aus den folgenden Einzelteilen zusammensetzen?

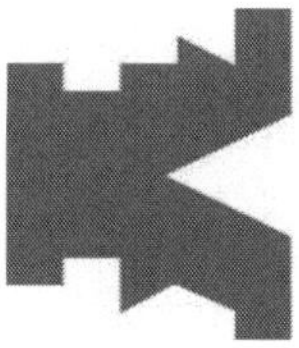

A

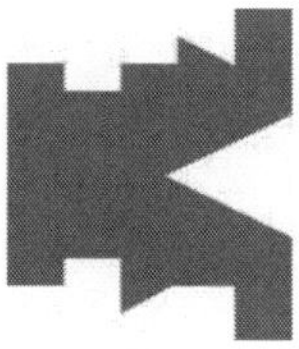

B

C

D

Keine der Figuren ist richtig.

E

186. Welche Figur lässt sich aus den folgenden Einzelteilen zusammensetzen?

A

B

C

D

Keine der Figuren ist richtig.

E

187. Welche Figur lässt sich aus den folgenden Einzelteilen zusammensetzen?

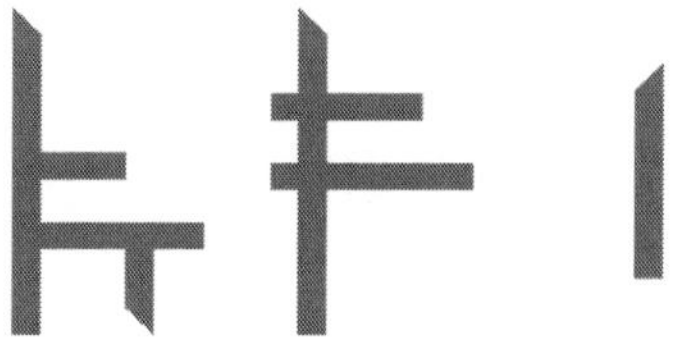

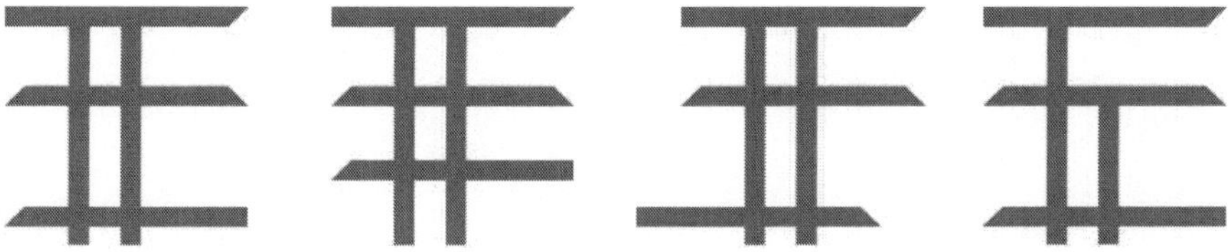

Keine der Figuren ist richtig.

A B C D E

188. Welche Figur lässt sich aus den folgenden Einzelteilen zusammensetzen?

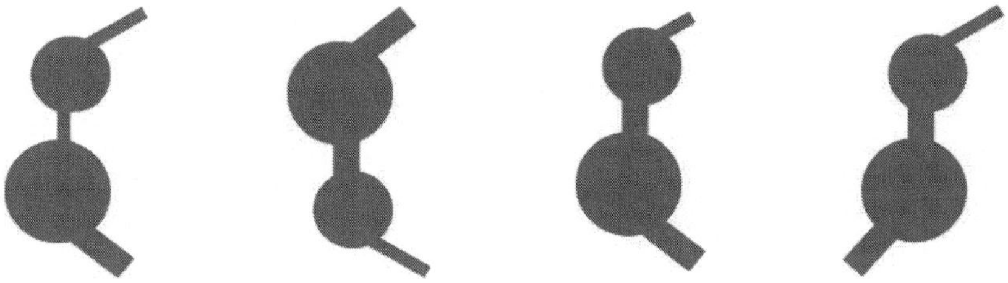

Keine der Figuren ist richtig.

A B C D E

189. Welche Figur lässt sich aus den folgenden Einzelteilen zusammensetzen?

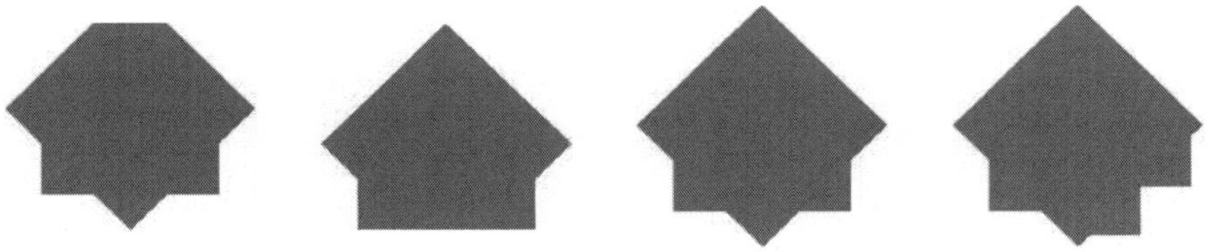

A B C D

Keine der Figuren ist richtig.
E

190. Welche Figur lässt sich aus den folgenden Einzelteilen zusammensetzen?

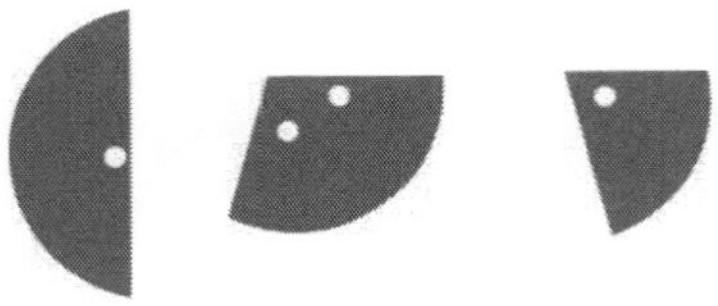

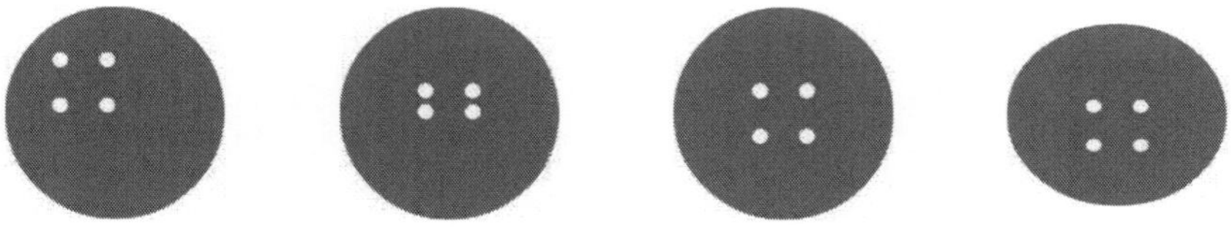

A B C D

Keine der Figuren ist richtig.
E

191. Welche Figur lässt sich aus den folgenden Einzelteilen zusammensetzen?

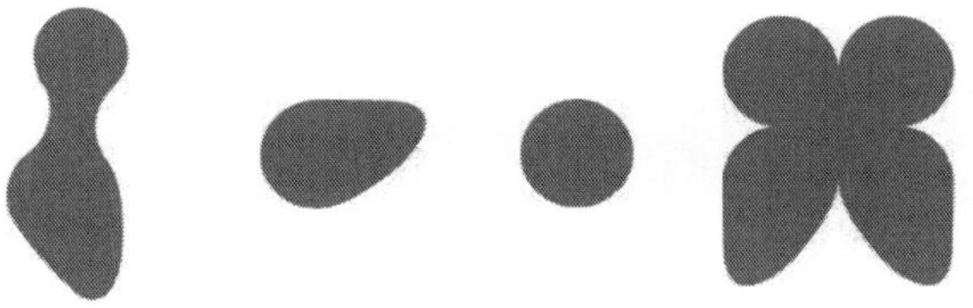

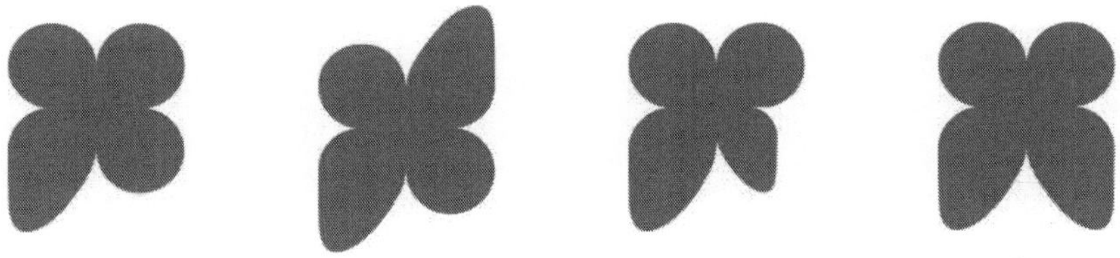

A B C D

Keine der Figuren ist richtig.

E

192. Welche Figur lässt sich aus den folgenden Einzelteilen zusammensetzen?

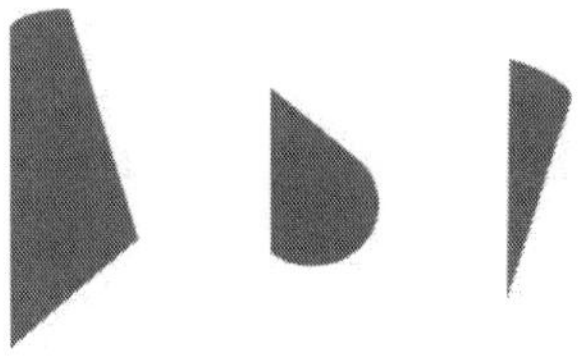

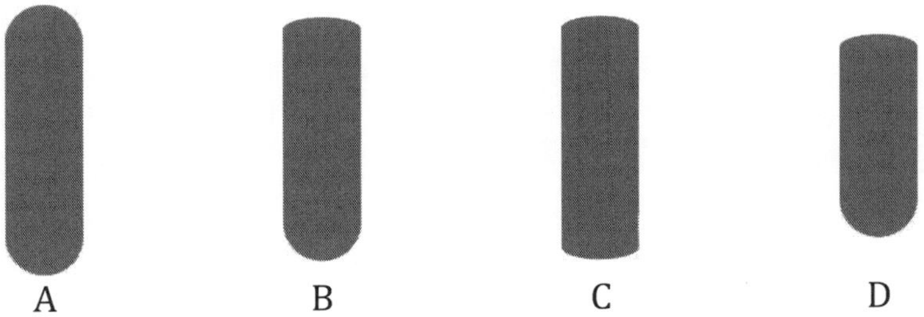

A B C D

Keine der Figuren ist richtig.

E

193. Welche Figur lässt sich aus den folgenden Einzelteilen zusammensetzen?

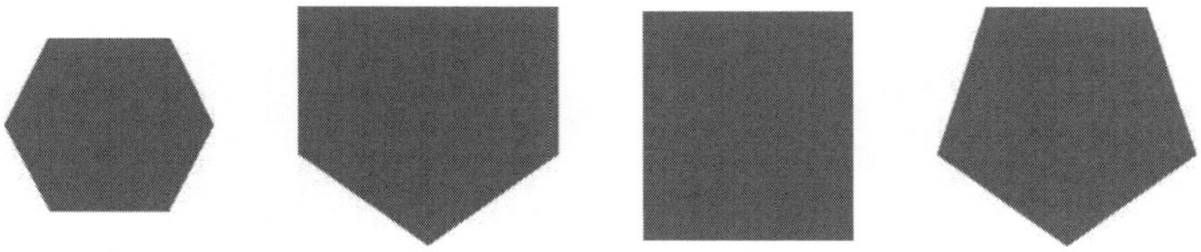

A B C D

Keine der Figuren ist richtig.
E

194. Welche Figur lässt sich aus den folgenden Einzelteilen zusammensetzen?

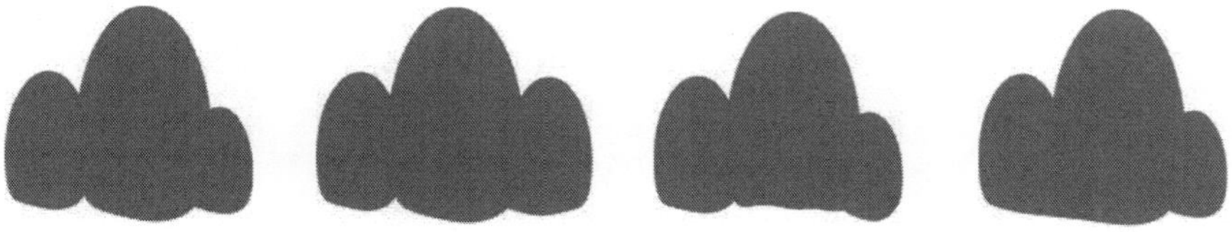

A B C D

Keine der Figuren ist richtig.
E

195. Welche Figur lässt sich aus den folgenden Einzelteilen zusammensetzen?

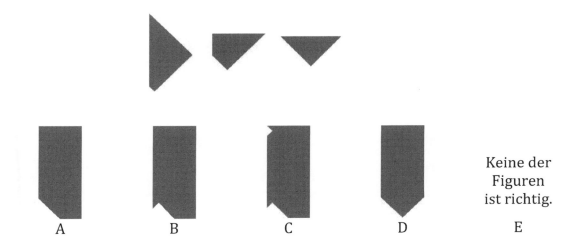

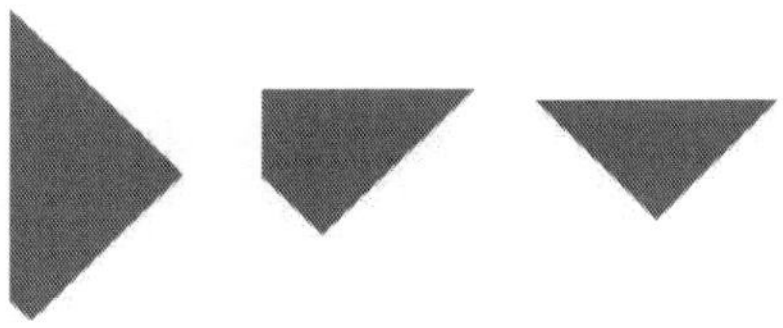

A B C D

Keine der Figuren ist richtig.

E

196. Welche Figur lässt sich aus den folgenden Einzelteilen zusammensetzen?

A B C D

Keine der Figuren ist richtig.

E

197. Welche Figur lässt sich aus den folgenden Einzelteilen zusammensetzen?

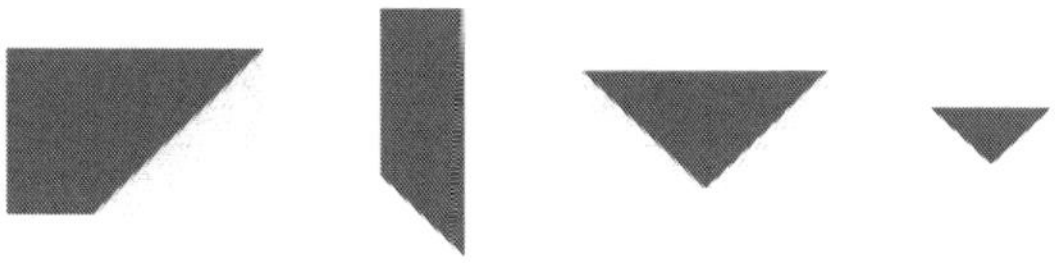

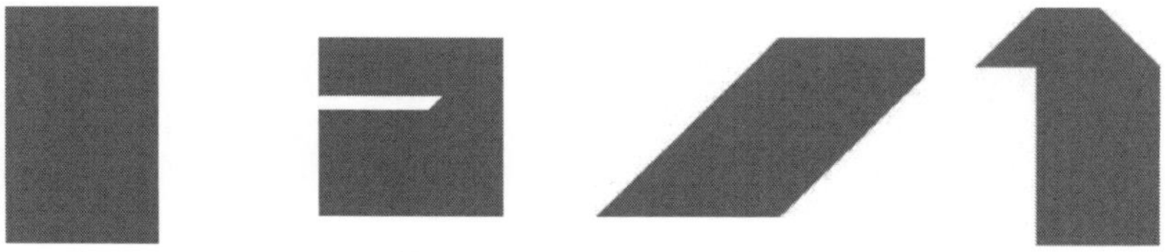

A B C D

Keine der Figuren ist richtig.
E

198. Welche Figur lässt sich aus den folgenden Einzelteilen zusammensetzen?

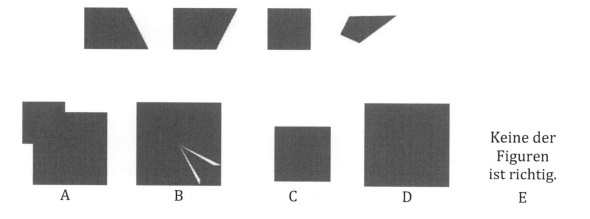

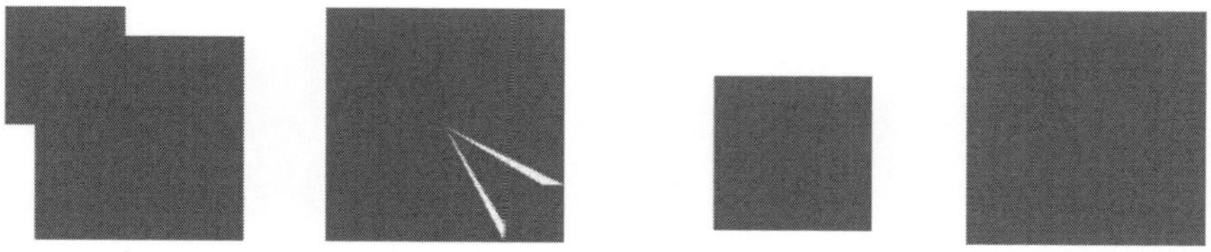

A B C D

Keine der Figuren ist richtig.
E

199. Welche Figur lässt sich aus den folgenden Einzelteilen zusammensetzen?

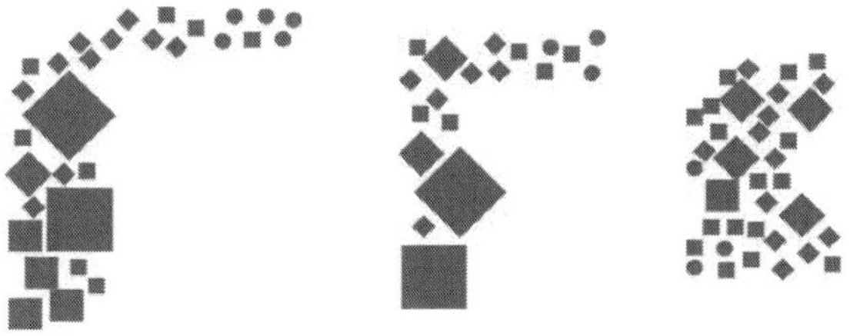

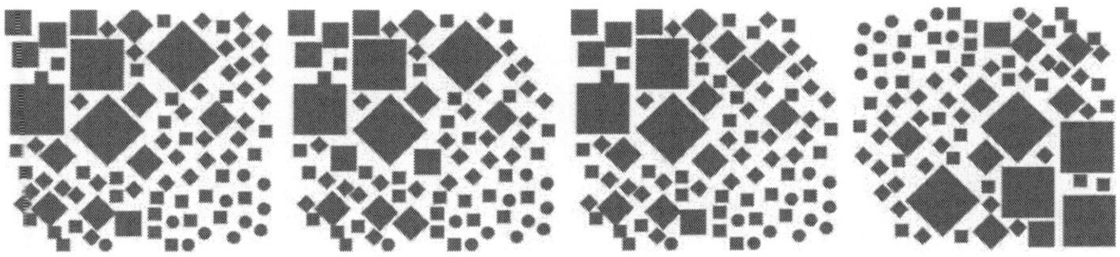

A B C D

Keine der Figuren ist richtig.

E

200. Welche Figur lässt sich aus den folgenden Einzelteilen zusammensetzen?

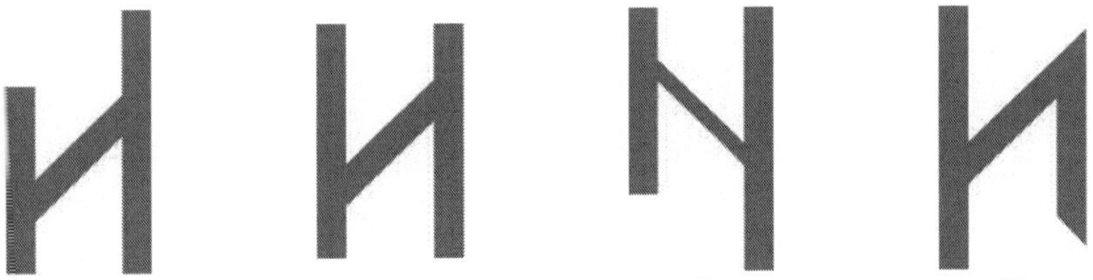

A B C D

Keine der Figuren ist richtig.

E

Übungsaufgaben Set 2

201. Welche Figur lässt sich aus den folgenden Einzelteilen zusammensetzen?

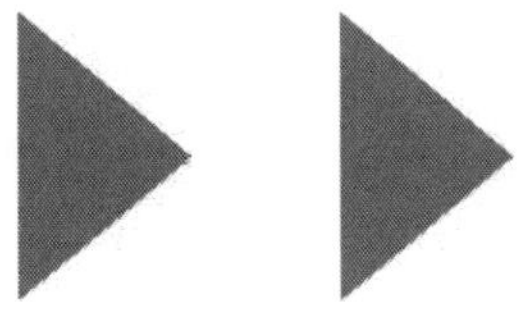

Keine der Figuren ist richtig.

A B C D E

202. Welche Figur lässt sich aus den folgenden Einzelteilen zusammensetzen?

Keine der Figuren ist richtig.

A B C D E

203. Welche Figur lässt sich aus den folgenden Einzelteilen zusammensetzen?

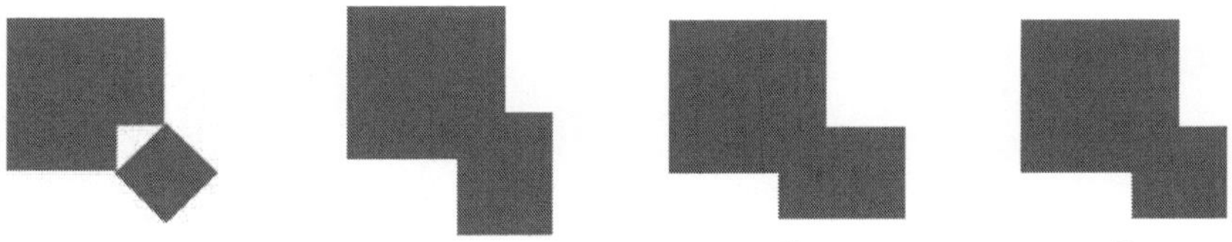

A B C D

Keine der Figuren ist richtig.
E

204. Welche Figur lässt sich aus den folgenden Einzelteilen zusammensetzen?

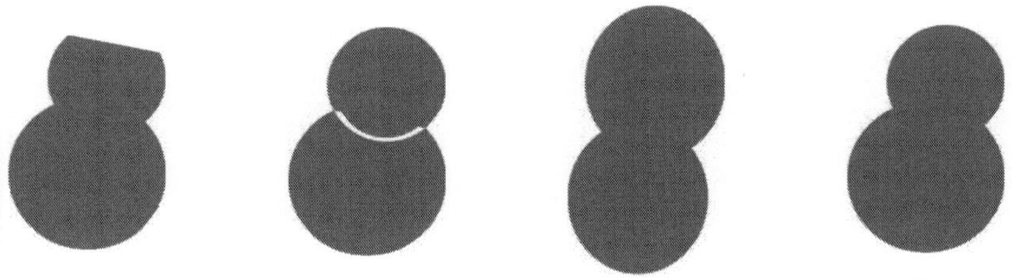

A B C D

Keine der Figuren ist richtig.
E

205. Welche Figur lässt sich aus den folgenden Einzelteilen zusammensetzen?

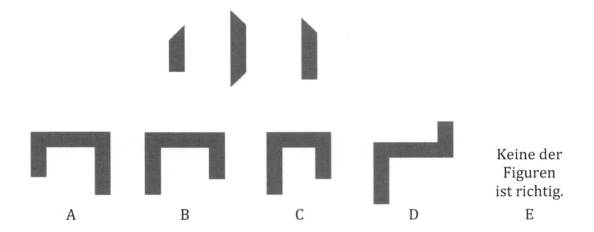

Keine der Figuren ist richtig.

A B C D E

206. Welche Figur lässt sich aus den folgenden Einzelteilen zusammensetzen?

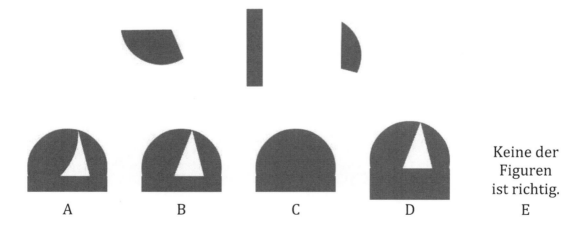

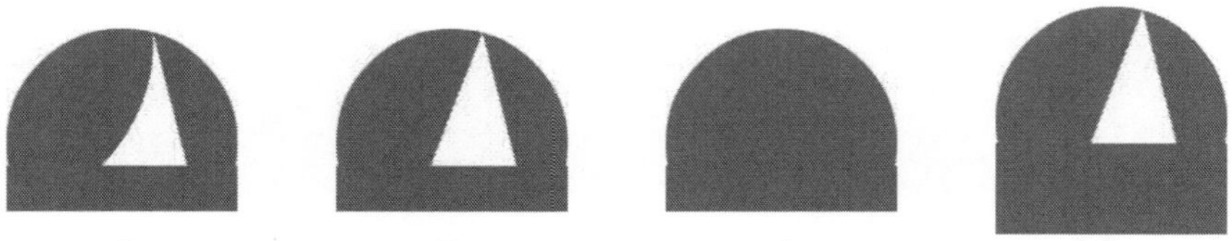

Keine der Figuren ist richtig.

A B C D E

207. Welche Figur lässt sich aus den folgenden Einzelteilen zusammensetzen?

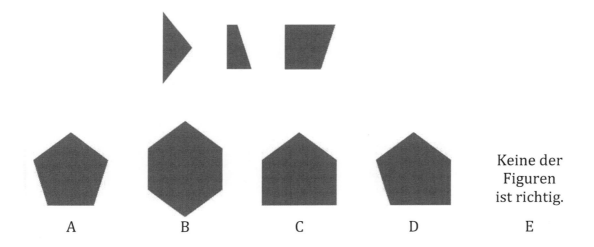

A

B

C

D

Keine der Figuren ist richtig.

E

208. Welche Figur lässt sich aus den folgenden Einzelteilen zusammensetzen?

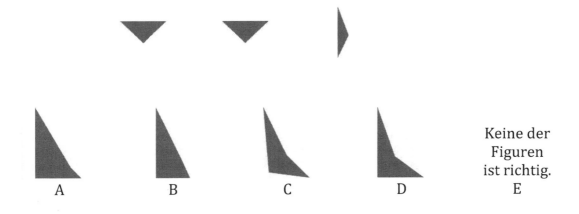

A

B

C

D

Keine der Figuren ist richtig.

E

209. Welche Figur lässt sich aus den folgenden Einzelteilen zusammensetzen?

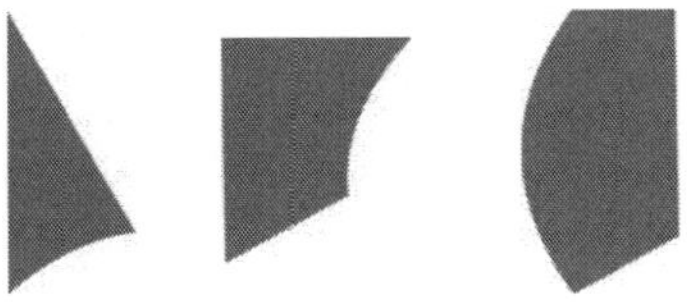

A

B

C

D

Keine der Figuren ist richtig.

E

210. Welche Figur lässt sich aus den folgenden Einzelteilen zusammensetzen?

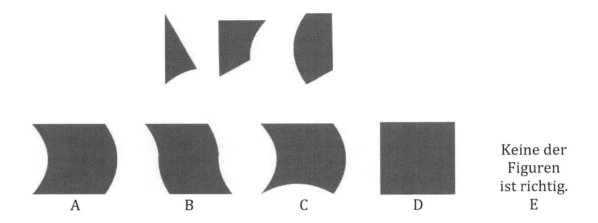

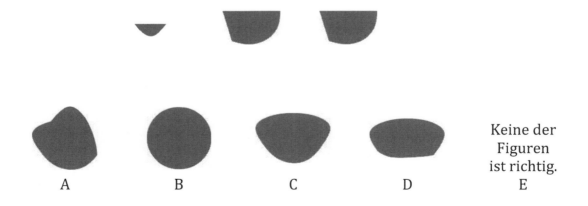

A

B

C

D

Keine der Figuren ist richtig.

E

211. Welche Figur lässt sich aus den folgenden Einzelteilen zusammensetzen?

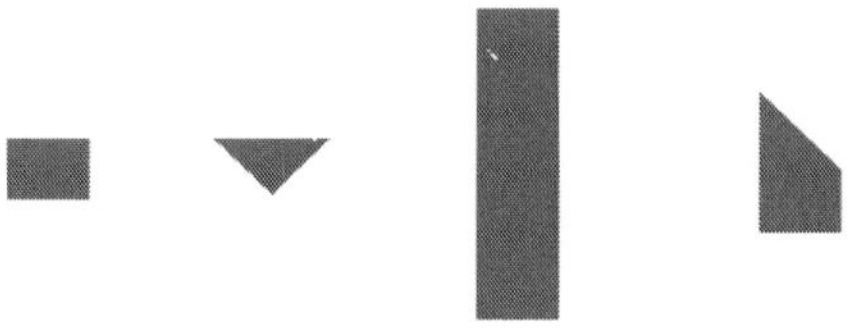

A B C D

Keine der Figuren ist richtig.
E

212. Welche Figur lässt sich aus den folgenden Einzelteilen zusammensetzen?

A B C D

Keine der Figuren ist richtig.
E

213. Welche Figur lässt sich aus den folgenden Einzelteilen zusammensetzen?

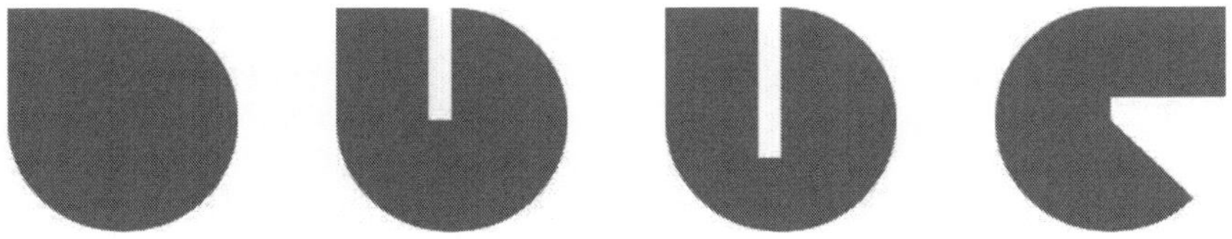

A B C D

Keine der Figuren ist richtig.
E

214. Welche Figur lässt sich aus den folgenden Einzelteilen zusammensetzen?

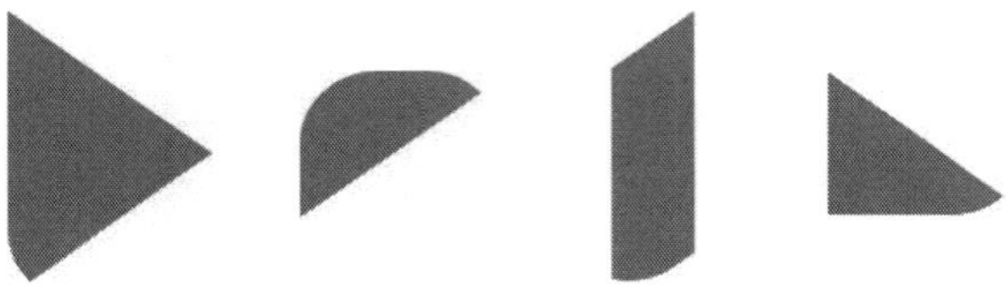

A B C D

Keine der Figuren ist richtig.

E

215. Welche Figur lässt sich aus den folgenden Einzelteilen zusammensetzen?

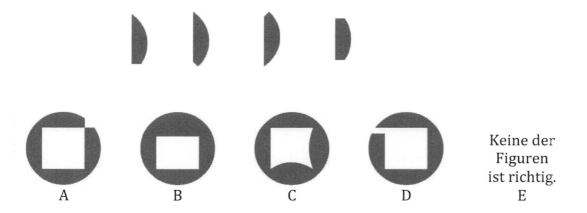

A B C D

Keine der Figuren ist richtig.
E

216. Welche Figur lässt sich aus den folgenden Einzelteilen zusammensetzen?

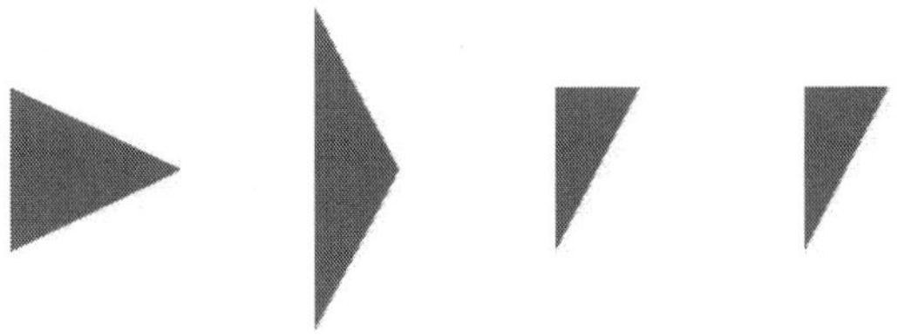

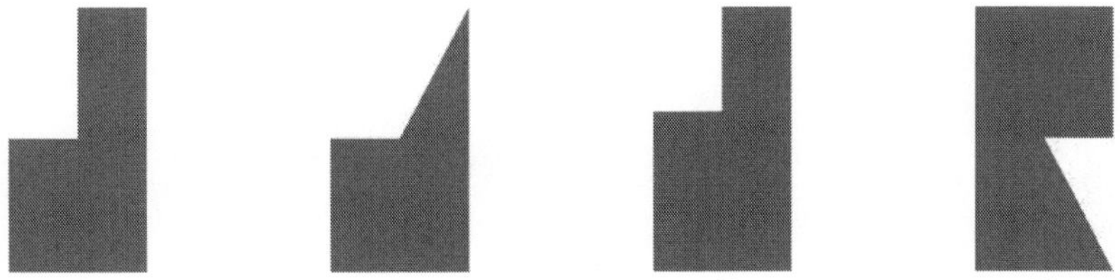

A B C D

Keine der Figuren ist richtig.
E

217. Welche Figur lässt sich aus den folgenden Einzelteilen zusammensetzen?

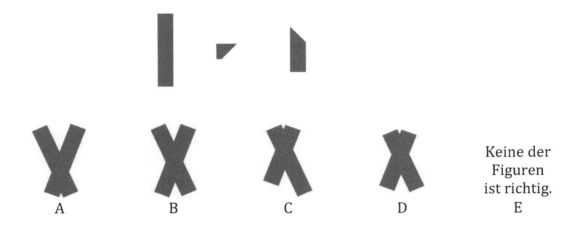

A	B	C	D	Keine der Figuren ist richtig. E

218. Welche Figur lässt sich aus den folgenden Einzelteilen zusammensetzen?

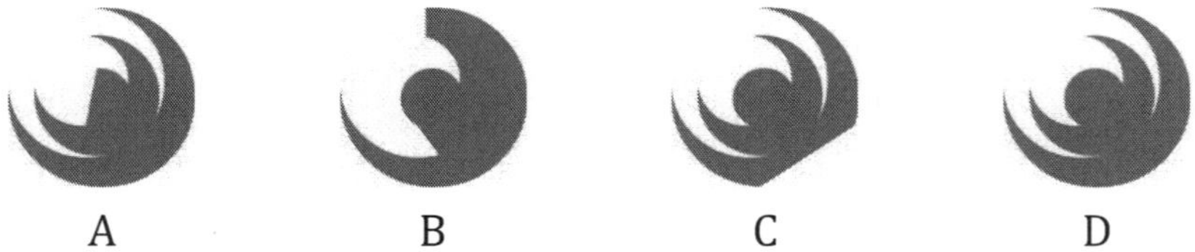

A	B	C	D	Keine der Figuren ist richtig. E

219. Welche Figur lässt sich aus den folgenden Einzelteilen zusammensetzen?

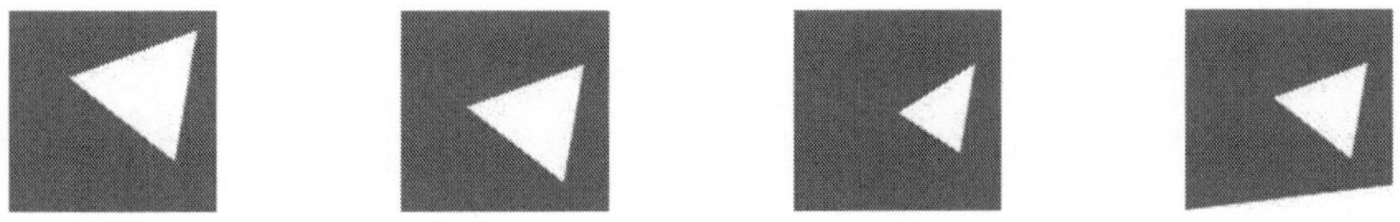

A B C D

Keine der Figuren ist richtig.
E

220. Welche Figur lässt sich aus den folgenden Einzelteilen zusammensetzen?

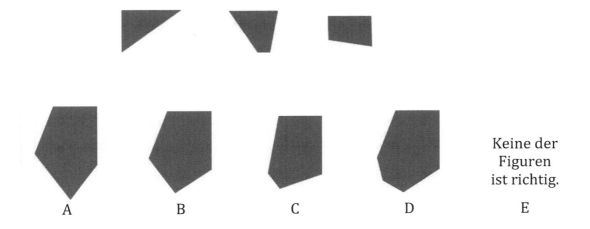

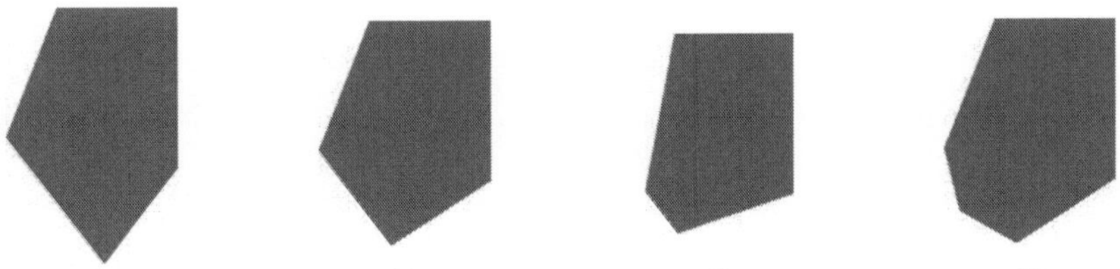

A B C D

Keine der Figuren ist richtig.
E

Lösungen
Testset1

1	2	3	4	5
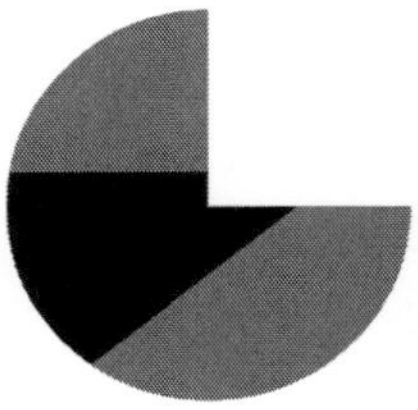	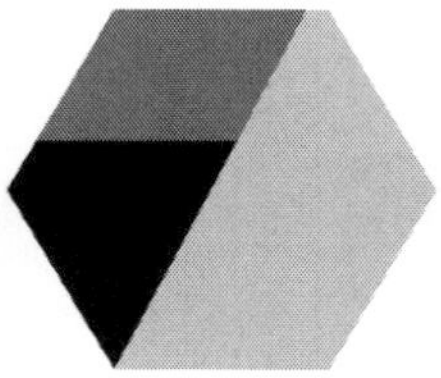			
B	A	D	A	E

6	7	8	9	10
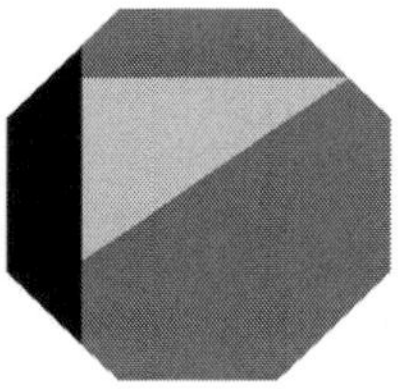		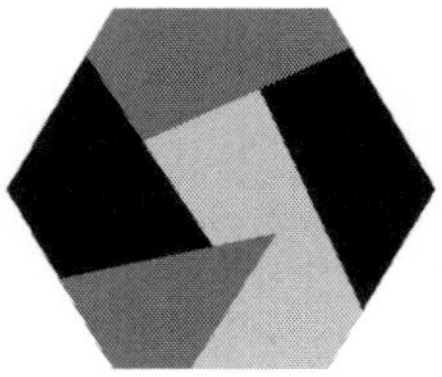		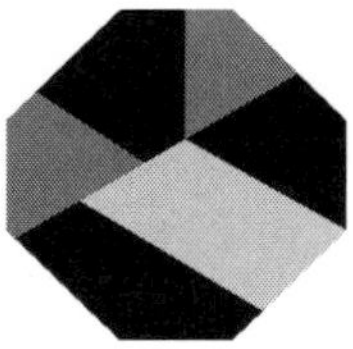
B	C	A	A	B

11	12	13	14	15
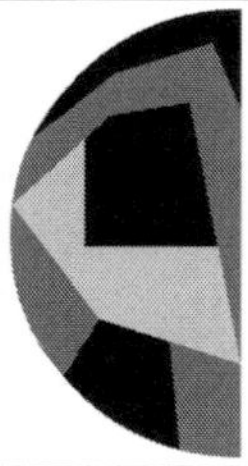		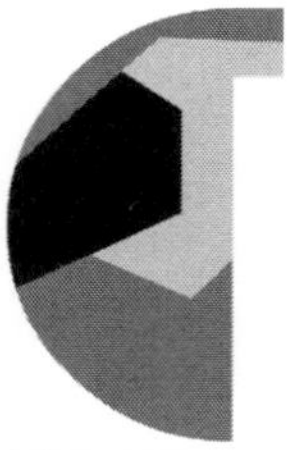		
C	D	E	A	A

16	17	18	19	20
	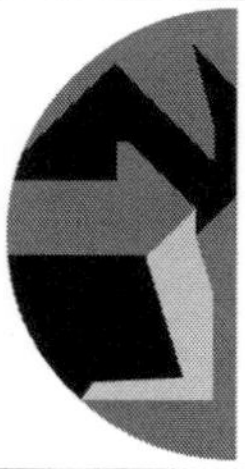		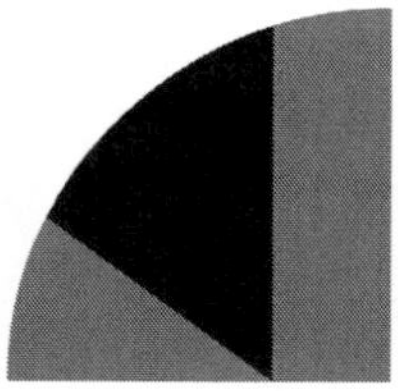	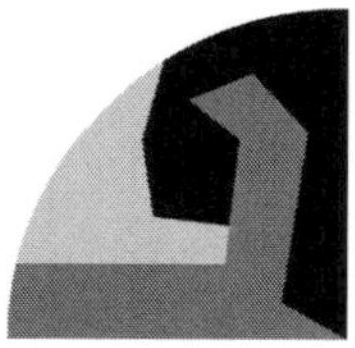
A	B	D	A	D

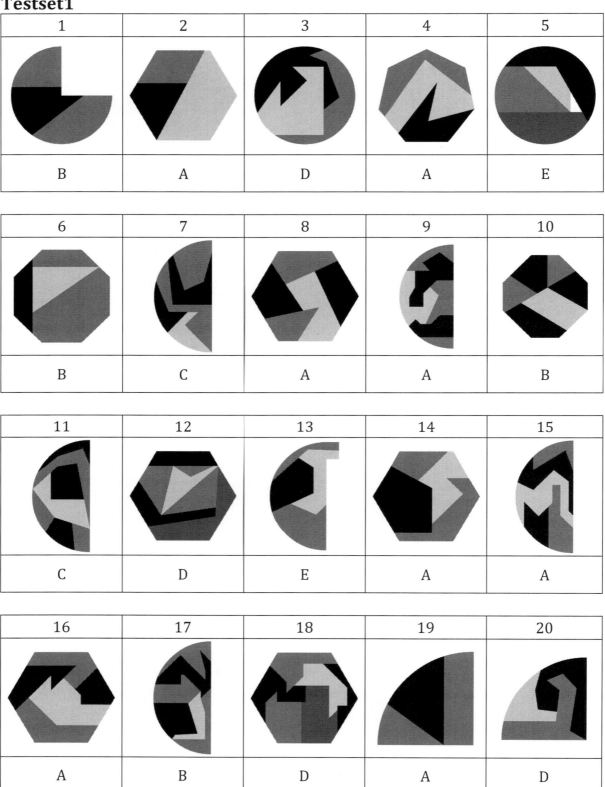

Testset 2:

21	22	23	24	25

C	B	E	B	B

26	27	28	29	30
	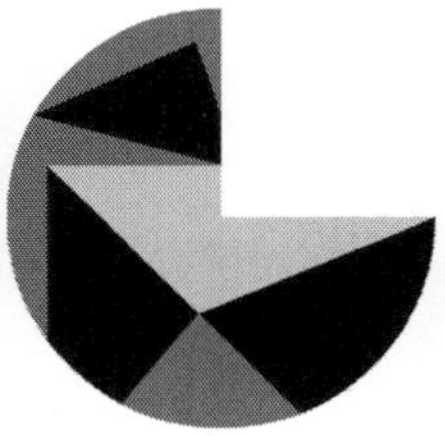	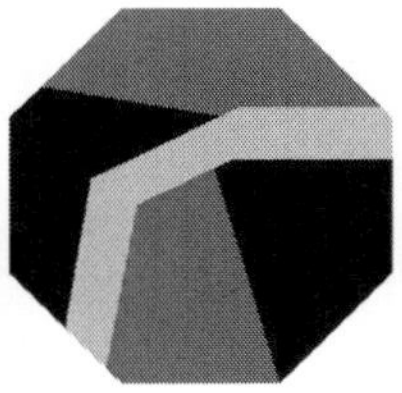		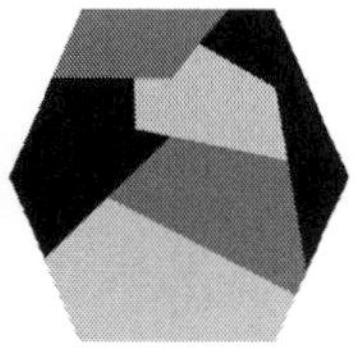
E	A	A	C	A

31	32	33	34	35
			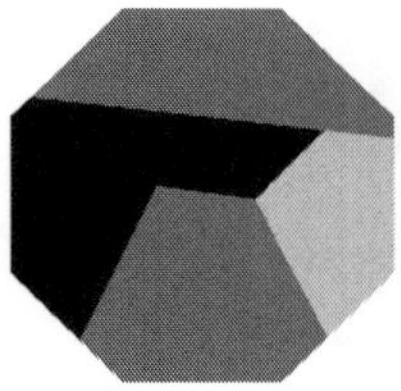	
E	D	D	D	D

36	37	38	39	40
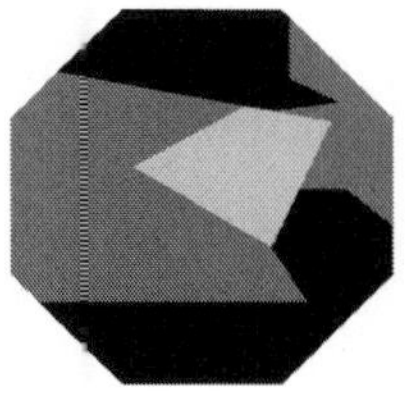				
B	D	B	A	B

Testset 3:

41	42	43	44	45
			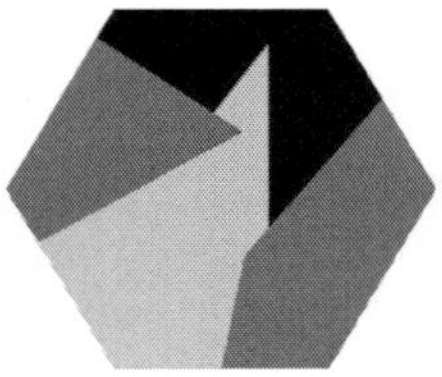	
B	C	C	C	E

46	47	48	49	50
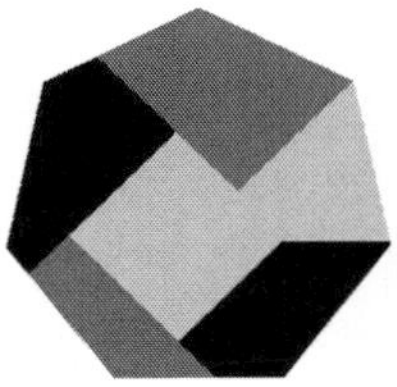	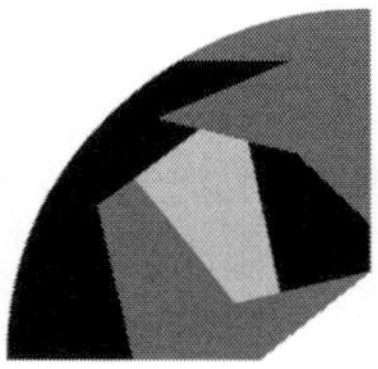			
D	E	E	A	E

51	52	53	54	55
		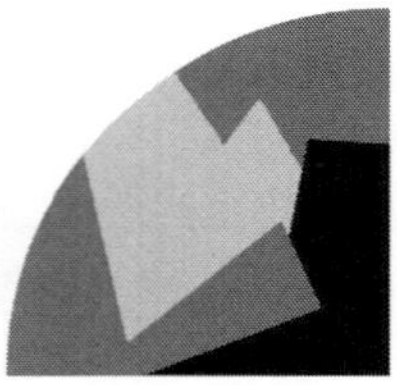		
B	A	A	D	C

56	57	58	59	60
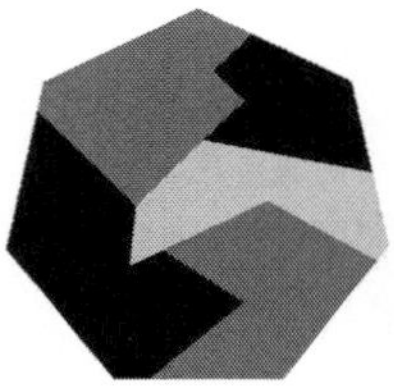		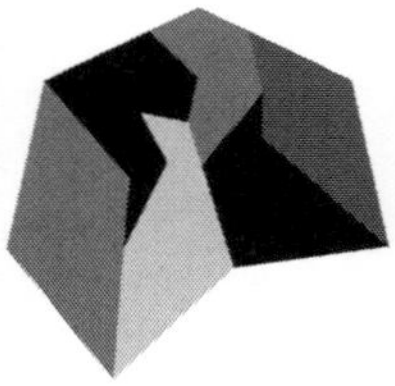	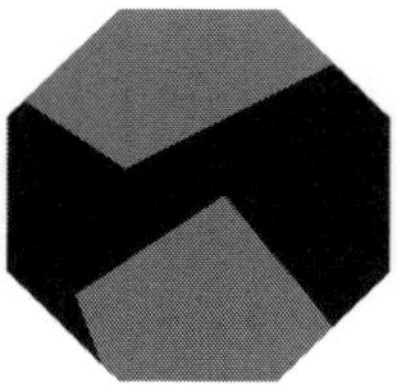	
C	B	E	A	D

Testset 4:

61	62	63	64	65
			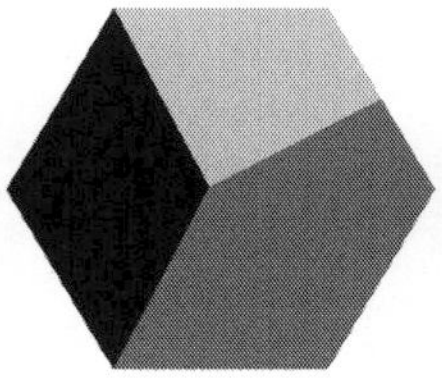	
A	D	B	B	E

66	67	68	69	70
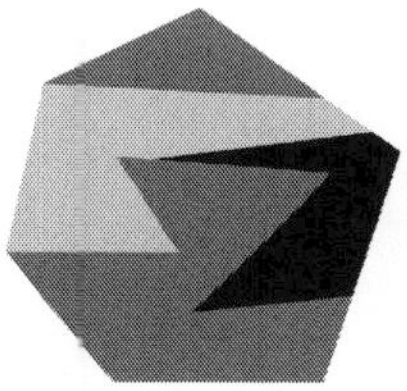		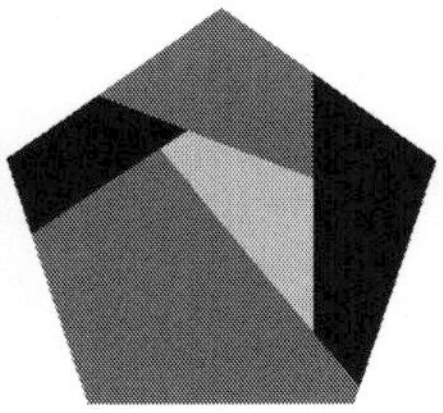		
E	D	D	D	B

71	72	73	74	75
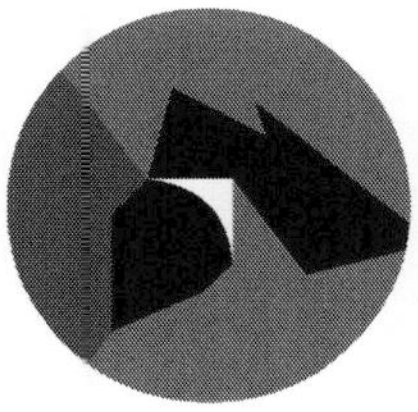	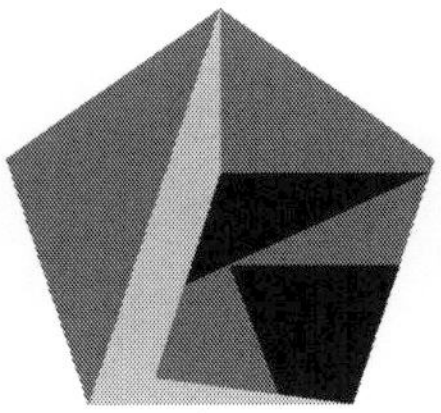		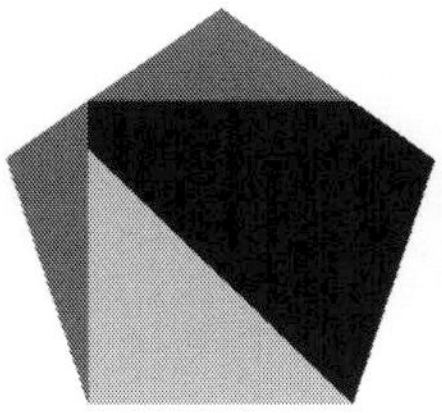	
E	D	B	C	C

76	77	78	79	80
			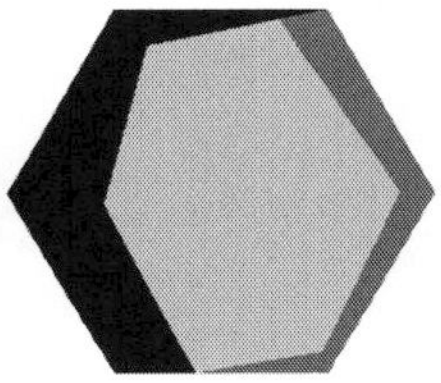	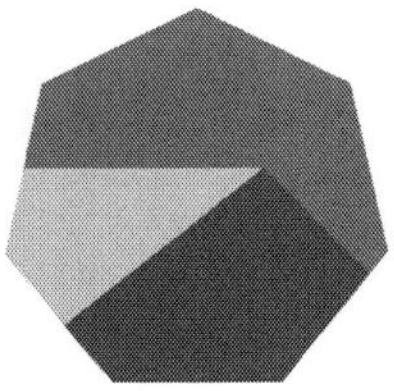
C	B	D	D	B

Testset 5:

81	82	83	84	85
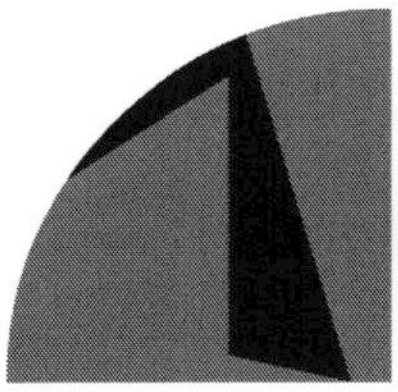		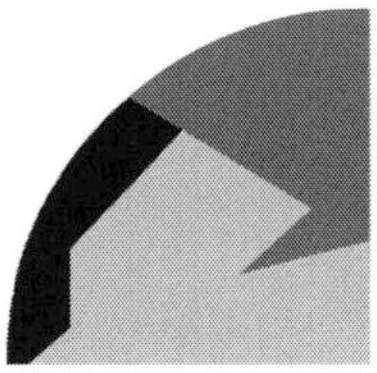		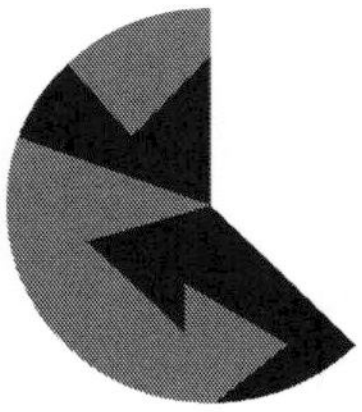
C	C	C	C	E

86	87	88	89	90
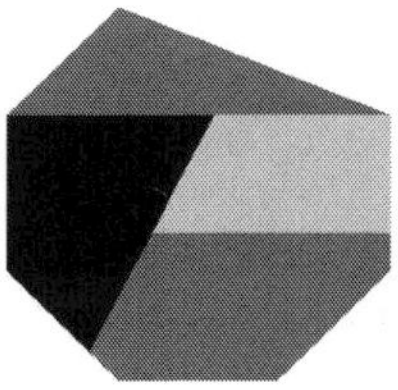				
E	D	D	B	C

91	92	93	94	95
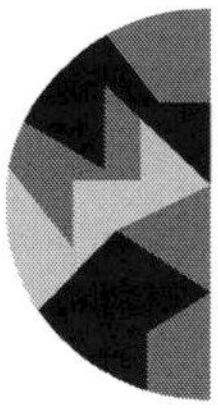	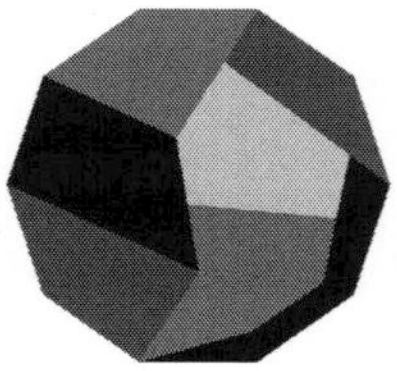	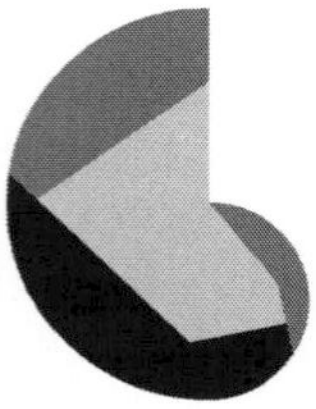		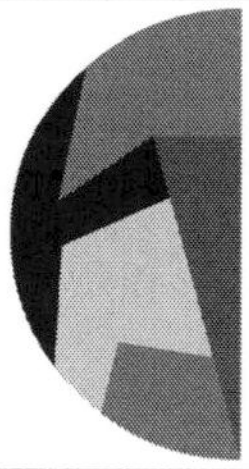
A	E	E	E	A

96	97	98	99	100
	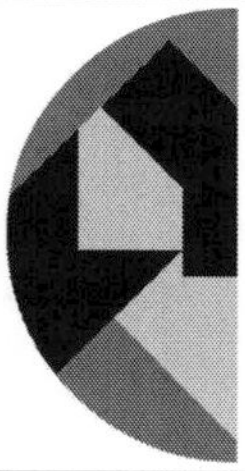	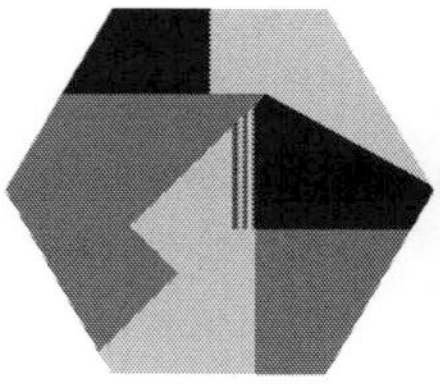		
E	A	E	A	D

Testset 6:

101	102	103	104	105
	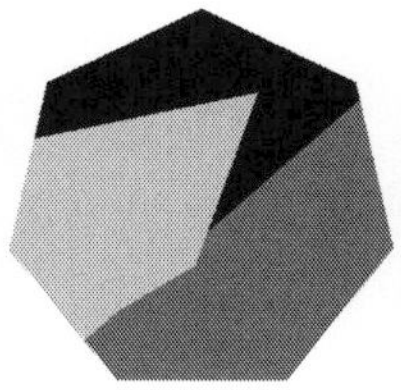		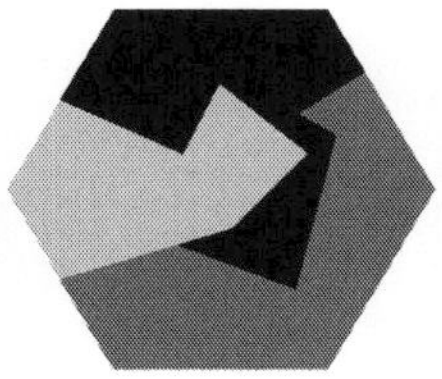	
D	C	E	B	A

106	107	108	109	110
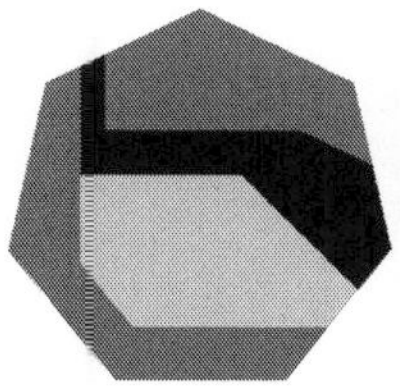	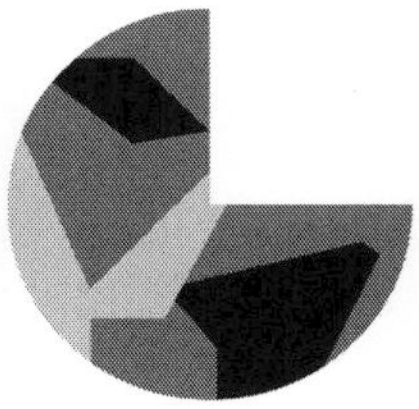	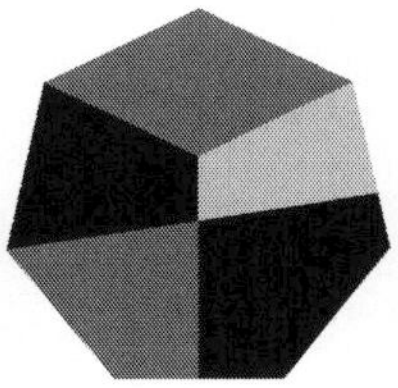	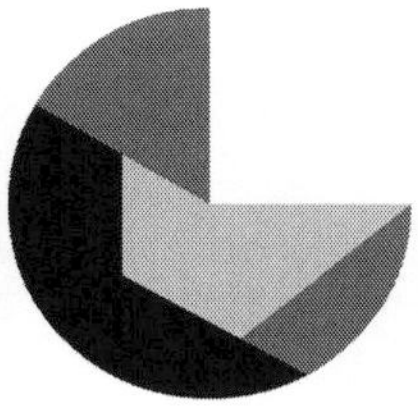	
B	B	A	D	E

111	112	113	114	115
	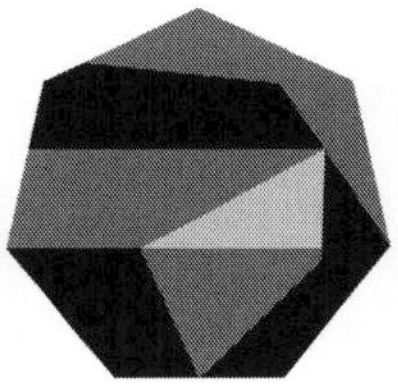			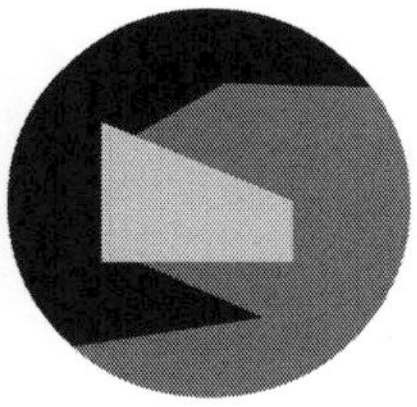
B	C	D	D	D

116	117	118	119	120
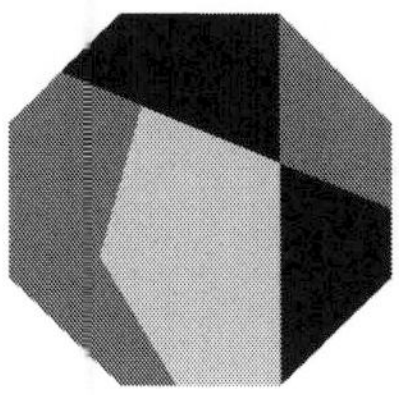		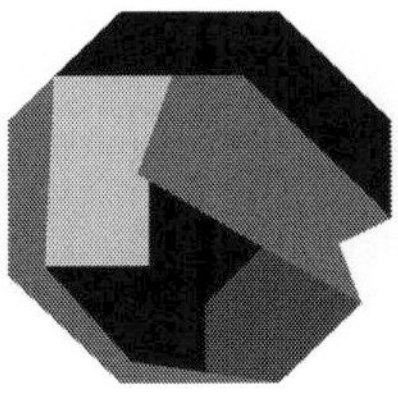		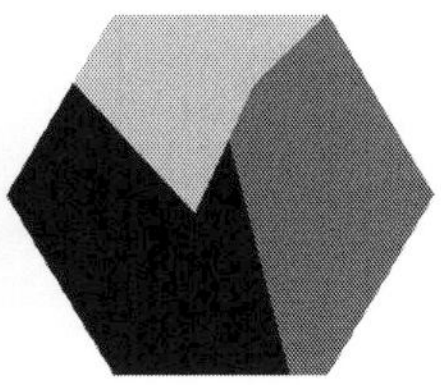
D	D	E	A	A

Testset 7:

121	122	123	124	125

B	C	E	B	C

126	127	128	129	130
			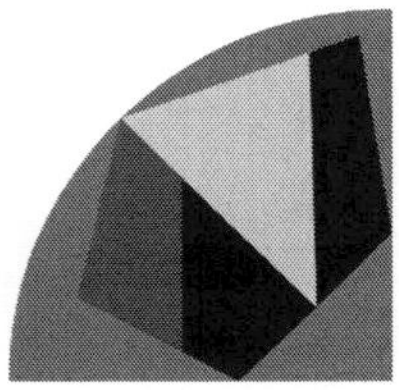	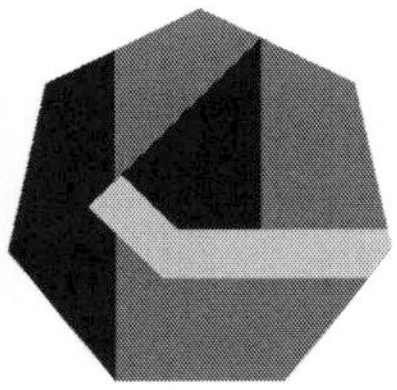
D	A	D	D	C

131	132	133	134	135
	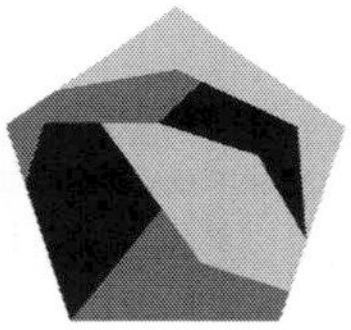			
E	C	A	D	B

136	137	138	139	140
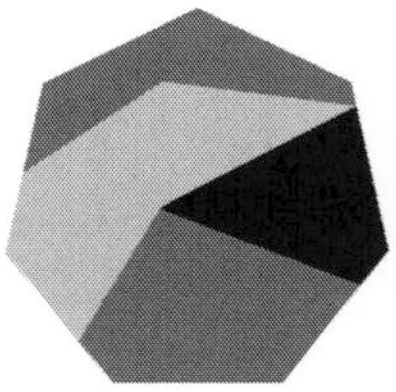		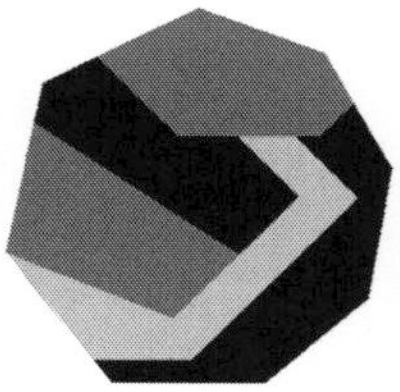		
C	B	E	B	C

Testset 8:

141	142	143	144	145
		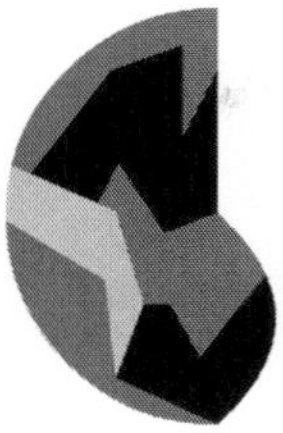		
E	E	E	D	E

146	147	148	149	150
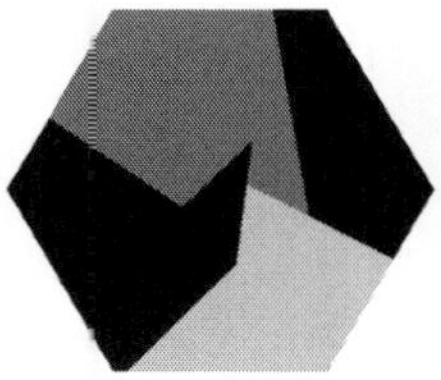				
C	B	E	B	E

151	152	153	154	155
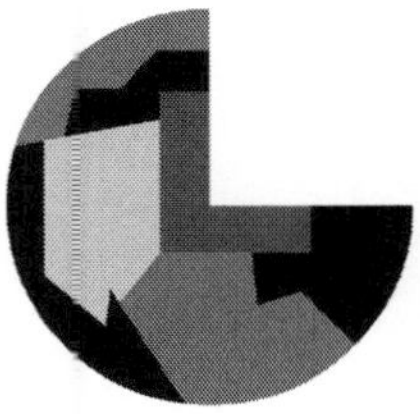	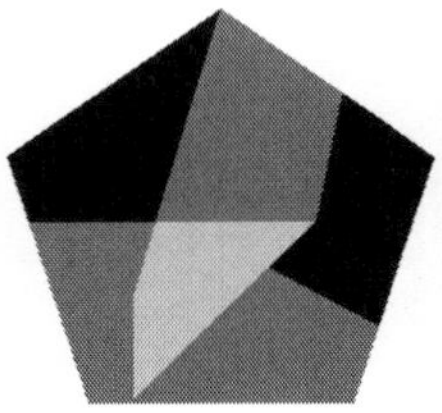			
B	C	B	D	C

156	157	158	159	160
			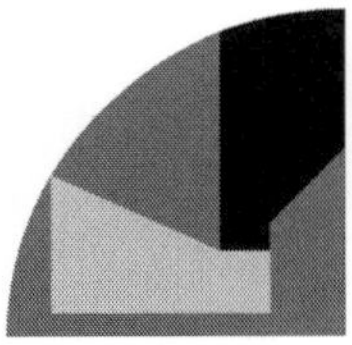	
C	D	B	D	E

Testset 9:

161	162	163	164	165

E	B	B	E	E

166	167	168	169	170

C	B	E	E	C

171	172	173	174	175
	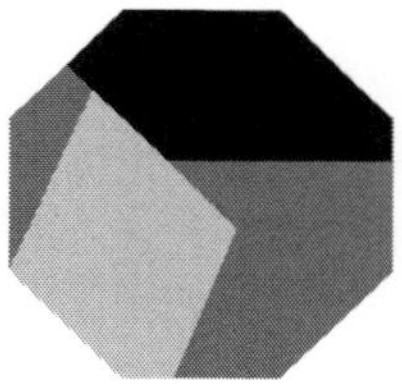	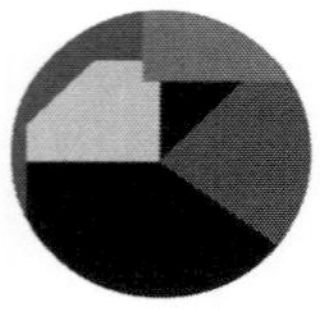	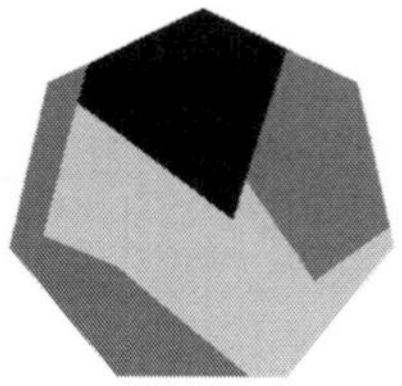	
B	C	C	A	D

176	177	178	179	180
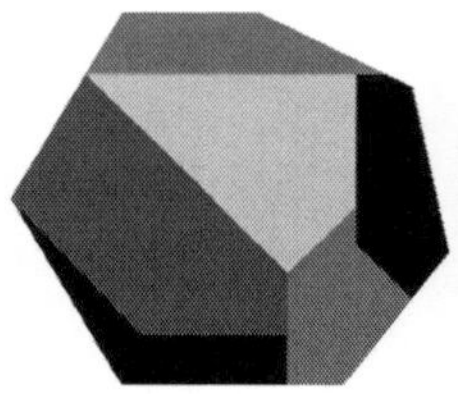		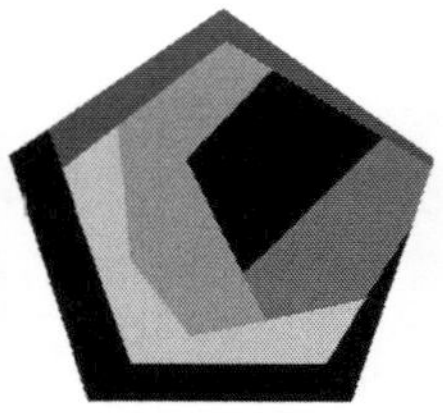		
E	E	B	D	A

Übungsaufgaben Set 1:

181	182	183	184	185
	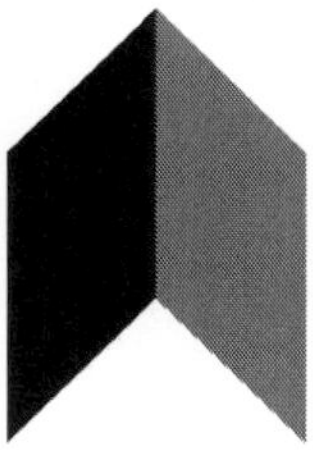			
D	A	E	C	B

186	187	188	189	190
	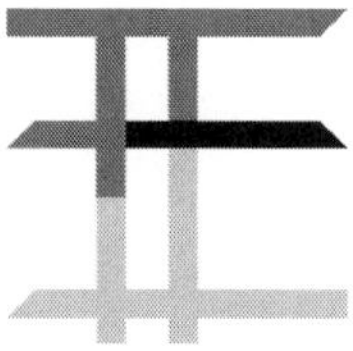			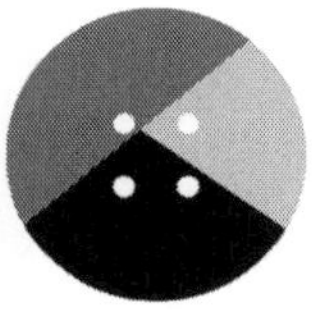
A	A	E	C	C

191	192	193	194	195
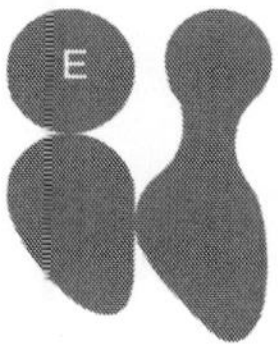		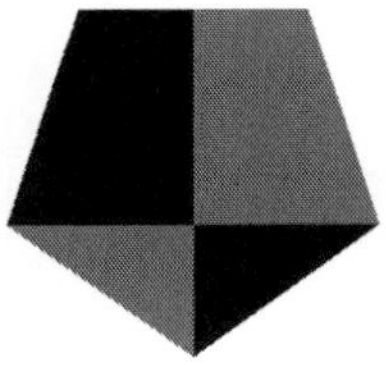		
E	B	D	A	A

196	197	198	199	200

C	C	D	E	A

Übungsaufgaben Set 2:

201	202	203	204	205
				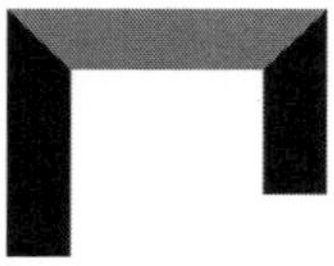
A	B	D	D	B

206	207	208	209	210
			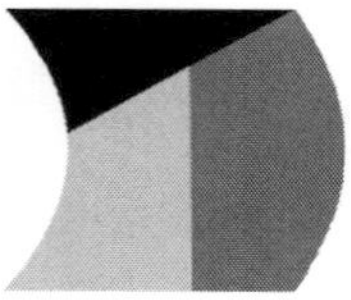	
B	A	E	A	C

211	212	213	214	215
		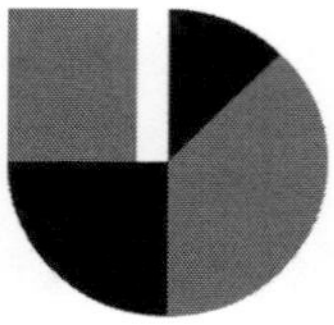		
D	C	B	C	E

216	217	218	219	220
				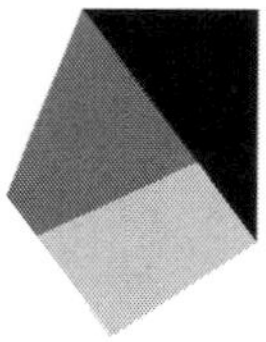
A	A	D	E	B

In dieser Reihe ist ebenfalls erschienen:

aufnahme
prüfung.at

MedAT-H 2014 Testsimulation
Vorbereitung auf den MedAT-H 2014
Alle Untertests, in 240 authentischen Aufgaben.

Wir möchten Ihnen mit dieser Testsimulation die Möglichkeit geben einmal vor dem eigentlichen Test die Prüfungssituation, den Aufbau und die Aufgabenstruktur im Detail kennenzulernen. Durch die genaue Orientierung an den Vorgaben des MedAT-H 2013/14 bieten wir Ihnen eine ideale Möglichkeit sich mit den Aufgabenstellungen und Aufgabenstrukturen im Detail noch vor der Prüfung vertraut zu machen und sich so die beste Voraussetzung für ein gutes Abschneiden 2014 zu sichern. Insgesamt bietet diese Testsimulation Ihnen 240 Aufgaben (incl. der neuen Untertests „Wortflüssigkeit", „Implikationen erkennen" und „Argumentieren"), Antwortbögen, Lösungen und kostenlose online-Vergleichsmöglichkeit Ihrer Ergebnisse.

Erhältlich bei Amazon für 22,90€

3322198R00078

Printed in Germany
by Amazon Distribution
GmbH, Leipzig